Foguete
não tem ré

Dados Internacionais de Catalogação na Publicação (CIP)
(Câmara Brasileira do Livro, SP, Brasil)

Rizzardi, Karine
 Foguete não tem ré : sofrimento, traumas afetivos e suas fases de elaboração / Karine Rizzardi. -- 1. ed. -- São Paulo : Editora Vida, 2022.

 ISBN 978-65-5584-288-3
 e-ISBN 978-65-5584-290-6

 1. Comportamento (Psicologia) 2. Emoções - Aspectos psicológicos 3. Sofrimento - Aspectos psicológicos 4. Trauma psíquico I. Título.

22-106720 CDD-158.1

Índice para catálogo sistemático:
1. Sofrimento : Psicologia aplicada 158.1
Cibele Maria Dias - Bibliotecária - CRB-8/9427

FOGUETE
não tem ré

SOFRIMENTO, TRAUMAS AFETIVOS
E SUAS FASES DE ELABORAÇÃO

Karine Rizzardi

Vida

EDITORA VIDA
Rua Conde de Sarzedas, 246 — Liberdade
CEP 01512-070 — São Paulo, SP
Tel.: 0 xx 11 2618 7000
atendimento@editoravida.com.br
www.editoravida.com.br
@editora_vida /editoravida

Editor responsável: Gisele Romão da Cruz
Editor-assistente: Amanda Santos
Preparação de texto: Bruna Gomes Ribeiro
Revisão de provas: Equipe Vida
Projeto gráfico e diagramação: Claudia Fatel Lino
Capa: Arte Vida

FOGUETE NÃO TEM RÉ
©2022, Karine Rizzardi

Todos os direitos desta edição em língua portuguesa são reservados e protegidos por Editora Vida pela Lei 9.610, de 19/02/1998.

É proibida a reprodução desta obra por quaisquer meios (físicos, eletrônicos ou digitais), salvo em breves citações, com indicação da fonte.

∎

Exceto em caso de indicação em contrário, todas as citações bíblicas foram extraídas da *Nova Versão Internacional* (NVI) © 1993, 2000, 2011 by International Bible Society, edição publicada por Editora Vida. Todos os direitos reservados.

Todas as citações bíblicas e de terceiros foram adaptadas segundo o Acordo Ortográfico da Língua Portuguesa, assinado em 1990, em vigor desde janeiro de 2009.

∎

As opiniões expressas nesta obra refletem o ponto de vista de seus autores e não são necessariamente equivalentes às da Editora Vida ou de sua equipe editorial.

Os nomes das pessoas citadas na obra foram alterados nos casos em que poderia surgir alguma situação embaraçosa.

Todos os grifos são do autor, exceto os indicados.

1. edição: abr. 2022
1ª reimp.: ago. 2022
2ª reimp.: jun. 2023

Esta obra foi composta em *Adobe Caslon Pro*
e impressa por Corprint Gráfica Editora sobre papel
Ivory Bulky 65g/m² para Editora Vida.

AGRADECIMENTOS

Seria bom fazer um agradecimento sintético, mas creio não ser possível.

Este livro teve contribuição de muitas pessoas, entre elas, agradeço a Deus, o arquiteto de toda obra de minha vida;

A vida do meu esposo Adriano Pereira e das nossas três Anas, que dispensam todo tipo de comentário. O carinho de vocês ao me incentivar, trazer um copo de água, dar sugestões de nomes, dar risadas dos comentários e sonhar junto como família, é algo que define nós cinco;

Eni e Rogério, meus pais amados e meus sogros, vovó Claudete e vovô Pereira, que sempre nos tem em suas orações. A Keyla e Kelli, minhas manas que amo;

A Rita França e Carlos França, um casal cujo carinho é algo tão verdadeiro e que tornaram possível esse momento;

A Gisele Romão, editora-chefe dessa editora tão respeitada, que conduziu todo o processo deste livro com criticidade e profissionalismo;

A cada paciente que durante essas duas décadas tiveram o carinho de confiar a mim seus segredos mais profundos. Este livro só é possível pela troca das experiências de vocês, e;

A você, leitor, que se predispôs a passear por esse mundo fantástico das letras, com um assunto tão profundo.

SUMÁRIO

CAPÍTULO 1. A quem se destina este livro?
9

CAPÍTULO 2. A dor de uma decepção
13

CAPÍTULO 3. Consequências de um trauma
25

CAPÍTULO 4. A cura é um processo
37

CAPÍTULO 5. Arrependa-se de ser quem você não é
45

CAPÍTULO 6. Despedidas necessárias
55

CAPÍTULO 7. Há poesia na dor?
63

CAPÍTULO 8. Explicando o trauma de forma neurocientífica e psicológica
71

CAPÍTULO 9. Seu nome carrega significados
81

CAPÍTULO 10. É hora de se reerguer
87

CAPÍTULO 11. Foguete não tem ré
105

Bibliografia
111

CAPÍTULO 1

A quem se destina este livro?

Uma das coisas pelas quais sou fascinada é a profissão que escolhi. Ser psicóloga há mais de duas décadas faz de mim uma pessoa cada vez mais interessada em ouvir histórias e descobrir os desdobramentos misteriosos que a mente humana contempla.

Não são 20 meses. São 5, 10, 15, 20 anos — até o presente momento — ouvindo relatos pela manhã e durante a tarde, coparticipando da realidade de pessoas muito diferentes umas das outras, cada qual com o seu brilho, e cada vivência contendo resquícios de amores e desilusões, lágrimas e desafetos, vitórias e decepções. Os nomes aqui relatados foram modificados de sua posição original, para a preservação da ética profissional.

A parte triste de ser psicóloga? Seguramente, eu diria que é participar somente da parte difícil e dolorosa da vida de alguém, pois quando tudo fica bem, eles vão embora.

Nos tornamos hábeis em dar a mão e caminhar com nossos pacientes na hora da dor, do choro e das dúvidas, mas no momento em que conseguem se superar e a felicidade volta a fazer parte do dia a dia, eles nos deixam. Mesmo entendendo que isso faz parte da vida, eu diria que o "tchau" da partida não substitui o sorriso de uma etapa por eles vencida. É aí que está a nossa recompensa.

Mas o que eu aprendi durante todo esse tempo? Que não devemos desprezar os efeitos que os traumas afetivos exercem na mente de um ser humano. Alguns passam por traumas maiores; outros, por menores. Para mim, utilizar a palavra "trauma" para qualquer tipo de dor emocional soava como frescura ou exagero, até compreender que, se essa dor não for bem elaborada por nós, podemos nos tornar vítimas dela, mesmo que de forma inconsciente.

Uma dúvida surgia frequentemente na minha cabeça: Se todos desejam ser felizes no amor, por que alguns não conseguem? O que os impede de conseguir, além de desvendar suas crenças familiares e avaliar seus próprios medos?

Descobri na prática que uma pessoa só se reconhece como pessoa a partir do olhar de um pai, de uma mãe e, também, a partir da primeira experiência emocional afetiva que ela vive com alguém. Sentimentos tristes e marcantes podem surgir a partir de uma única frase dita por alguém e definir toda a rota de uma vida: a decepção com um ex-namorado, a crítica de uma mãe, o desinteresse de um amigo.

Você se recorda do nome da primeira pessoa por quem se apaixonou? Você se lembra do primeiro olhar de rejeição que recebeu? Trabalhou essas dores dentro de você a ponto de saber se elas não afetam sua vida até os dias de hoje?

A quem se destina este livro?

Todos nós já tivemos dores emocionais afetivas. Todos nós já levamos um fora ou soubemos o que é a dor de uma decepção. Creio que todos nós já caímos, mas também — é o que esperamos — nos levantamos.

Vemos pessoas sofrendo, outras escondendo suas emoções e outras curadas, mas o que nem todo mundo sabe é que até uma relação de namoro mal resolvida na juventude pode ter efeitos na vida adulta, em seu casamento. É necessário olhar para distorções de crenças após uma dor. Precisamos nomeá--las, reestruturá-las e redirecioná-las. Não basta se olhar no espelho e dizer: "Vida que segue".

O psicólogo humanista Carl Rogers já dizia que um bom resultado terapêutico se dá quando o terapeuta e o paciente não saem iguais. É no encontro entre essas duas pessoas que ambas saem com um terceiro elemento, que é o resultado do vínculo daquilo que foi vivido naquelas quatro paredes.

Eu não sou a mesma pessoa após ouvir tantas histórias por mais de duas décadas.

O que vou compartilhar com você neste livro tem relação com os efeitos que os traumas afetivos geram em nosso cérebro e, consequentemente, em nosso comportamento. A mente carrega marcas e, acredite você ou não, elas se tornam comprovações vistas até mesmo em ressonância magnética.

Foi pensando nesses momentos de reflexão e escuta que fiz uma viagem imaginária no túnel do tempo. Um filme da minha história passou pela minha cabeça, trazendo à memória lapsos de quando eu era uma jovem solteira, cheia de sonhos, e de quando o amor ainda nem tinha se apresentado a mim. Voltei-me à lembrança de uma menina alegre e sonhadora, que vivia olhando estrelas à noite e lendo pilhas de livros que a faziam viajar nos pensamentos.

Ao explorar teorias da psicologia, essa menina conclui que os passos que fazem um homem se levantar de uma dor são semelhantes ao processo de uma edificação quando é desmoronada — muito semelhante ao ocorrido no Onze de Setembro de 2001, nos EUA. É do desenrolar de várias histórias de vida, com traços de teorias psicológicas e um banho de espiritualidade que esta obra se trata.

Dentro de cada capítulo há um enigma a ser explorado e uma conclusão clara a ser feita. Quando você desvenda todos os efeitos que a dor gerou, você se torna livre para construir uma história singular, com tropeços e erros, choros e acertos. No entanto, creio que sua vida também é digna de ser contada em um livro e que ela certamente reserva surpresas pelo caminho – mesmo que para isso seja preciso passar pela inquietude do "processo".

Venha comigo!

Quem gosta de ler livros, nunca fica sem companhia.

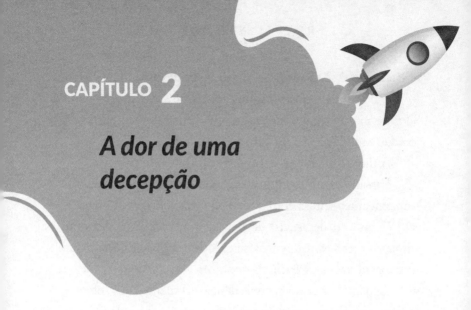

CAPÍTULO 2

A dor de uma decepção

Era segunda-feira de manhã; eu estava indo para a faculdade, quando um acontecimento fez o mundo parar. Todos os noticiários comunicavam uma única notícia: as Torres Gêmeas da cidade de Nova York foram alvo de um ataque terrorista. Se você tem mais de 40 anos de idade, seguramente deve se lembrar de onde estava naquele dia fatídico.

O suspense era grande. Havia um enorme ponto de interrogação na mente de cada um, e o espanto de saber o que estava acontecendo imperava no ar.

Algum tempo depois do ataque, a primeira torre caiu. Lembro-me até hoje de ter visto pessoas se jogando para fora do prédio, na tentativa de não morrerem queimadas. Entre os relatos dos sobreviventes, anos depois, uma história me impactou: uma gestante, na tentativa de sobreviver, se jogou na parte interna de uma das torres, e um dos bombeiros que tentava subir o elevador viu aquela mulher sendo espatifada no chão e o bebê sendo esmagado pela força da queda. Chorando, o bombeiro disse que o trauma foi tão grande que por anos ele dormiu revivendo aquela mesma cena, na qual partes do cordão umbilical saiu do corpo da mulher.

A dor, as dúvidas e os medos se tornam em pânico.

Passado algum tempo, a segunda torre também caiu. Os sobreviventes saíram correndo; o pó já não deixava as imagens tão claras e o desespero de pensar que você está, em uma situação como essa, longe da sua rede de segurança é algo que ultrapassa toda a vivência da dor.

Após tudo ruir, só ficou o silêncio. O silêncio dos sobreviventes e os olhares de respostas não declaradas. Cada um que sobreviveu para contar essa história caminhava desconsolado, apenas tentando chegar em casa.

Naquele dia, todas as mentes que estavam naquele lugar certamente passaram por uma transformação neuroquímica. Um trauma se instalou nas correntes neurais de cada um dos sobreviventes e, agora, aquelas pessoas precisariam de forças para continuar.

Tal qual o exemplo da queda das Torres Gêmeas, o mesmo acontece conosco quando algum acontecimento faz o nosso mundo desmoronar. Primeiro vem o impacto, o choque de tentar compreender o que está acontecendo. Depois, a mente trabalha de forma habilidosa e rápida para que a amígdala cerebral encontre uma rota de fuga para tentar sobreviver.

A dor, as dúvidas e os medos se transformam em pânico e uma primeira estrutura emocional cai. "Será que isso realmente está acontecendo?"

Em um primeiro momento, a tendência é achar que tudo não passa de um sonho, mas a continuidade dos fatos faz que a segunda torre interna do nosso psicológico caia também: "Sim... isso realmente aconteceu e agora eu não sei o que fazer".

Tudo desmorona ao nosso redor. As imagens não são tão claras, o desespero chega ao ponto de virar paralisia e silêncio para que pelo menos algumas respostas possam ser obtidas.

Nessa hora, o mundo para. A notícia da mente é apenas uma: passar e repassar aquelas cenas na cabeça, várias e várias vezes, para tentar entender o significado de tudo o que está ao nosso redor.

Mas não há forças e nem respostas — há apenas dor.

Os pontos de semelhanças são idênticos. O céu azul é trocado pela cor cinza e o concreto é a marca do nebuloso.

Uma torre caindo é igual ao nosso mundo ruindo

A mente do ser humano tem uma forma particular de assimilar fatos de maneiras diferentes.

Independentemente da sua idade, cultura ou raça, dor é dor, e esse sentimento é universal. Não importa se você ficou viúvo, se foi traído no casamento, se recebeu uma notícia ruim ou se acabou de ficar desempregado. Você provavelmente já foi machucado por amizades ou por pessoas de seu afeto.

Não existe dor grande ou dor pequena. Ela é um sentimento intacto que não respeita classes e não escolhe vítimas. Todos nós seremos afetados por ela, e sair dessa dor é uma manobra que exige tempo e muita elaboração.

Eu tinha 15 anos quando uma menina da escola, que se sentava à minha frente, me pediu para entregar um bilhete para sua amiga. Ao fazer esse favor, ela olha no meu rosto em tom de deboche e diz:

— Veja a lista de meninos que eu já beijei. Na minha vida já foram 48. E você? Quantos rapazes já beijou? Aposto que nenhum! — E deu uma risada irônica no final do comentário.

Apesar do meu desconforto, ela estava certa. Eu ainda não tinha beijado ninguém, pois não queria que fosse qualquer um. Eu sabia do meu valor. Mesmo assim, eu me sentia mal, desencaixada e com o corpo um pouco fora do padrão. Eu era a única que ainda não tinha dado o primeiro beijo e isso era raro na minha idade.

Hoje, mais de 30 anos depois desse evento e sendo psicóloga, eu já não enxergo mais assim. A vergonha se transformou em orgulho, e ao ler as teorias da psicologia, entendo que quanto mais tardio é o mergulho na área afetiva, mais segura emocionalmente uma pessoa se sente.

Há registros afirmando que meninas que têm pais presentes em suas vidas, raramente vivem experiências precoces na área da sexualidade — eu era uma delas.

Eu não era a garota mais popular da classe e sabia que a minha reação não era aplaudida pelo grupo do qual eu fazia parte; mas, por mais inocente que eu fosse, eu não era fraca o suficiente para ser influenciada. Eu tinha minhas próprias convicções, e agir de acordo com o grupo apenas para ser "aceita" definitivamente não estava nos meus planos.

Meu primeiro beijo foi realmente atípico para qualquer pessoa que leia esta história, pois no mundo atual, seria estranho dizer que aconteceu aos 17 anos.

Certa vez, eu ouvi algo de um professor de escola, que gerenciou minha tomada de decisões:

> "Todos nós temos um determinado valor; alguns são mais caros, e outros, mais baratos. Alguns são semelhantes aos paralelepípedos da rua: você os encontra em qualquer lugar e todos podem fazer uso. Outros se assemelham a pedras de maior valor: é preciso cavar fundo, e mais fundo, para encontrá-los. Essas pedras não são vistas em qualquer lugar e não podemos comprá-las com facilidade. Para alcançar essa pedra, é necessário esforço".

Esse pensamento norteou a minha vida por muito tempo, até que tive o primeiro namorado e a vida amorosa aflorou para mim. Sem necessidade de ser romântica aqui, eu era a pessoa calma da relação, e ele, o nervoso. No entanto, ele me encantou por seu conhecimento sobre fé, e creio que esse foi um elemento que favoreceu o meu processo de atração.

O namoro durou 3 anos e meio, e o término foi inevitável, mas vou me ater à parte em que a dor chegou.

A princípio, terminamos o namoro porque eu achava que não gostava mais dele. Nossas diferenças de temperamento ficavam cada vez mais aparentes quando ele tinha ataques de ciúme que me deixavam sufocada.

Encerrei nosso vínculo de forma calma e elegante: "Creio que não dá mais para ficarmos juntos. Foi bom enquanto durou, mas agora é hora de seguirmos nossas vidas sozinhos". Mas toda aquela calma e elegância durou apenas uma semana, que foi quando eu, voltando de uma viagem de ônibus para a minha cidade (eu fazia faculdade em uma cidade diferente de onde meus pais moravam e, sempre que possível, voltava para passar os fins de semana em casa), recebi a notícia que acabou comigo.

Naquela fatídica sexta-feira, eu desci do ônibus e uma amiga minha foi me buscar. Ela me convidou para comer um cachorro-quente, e depois de conversarmos sobre como estavam as coisas, ela me disse:

— Ka, tenho algo ruim para contar a você.

"Lá vem bomba!", pensei. Então, ela continuou:

— Seu namorado traiu você. Ele saiu com todas as suas amigas, e isso já vem acontecendo há um certo tempo.

Naquela hora, duas coisas ruins aconteceram comigo: uma delas foi que dentre os vários nomes que ela mencionou, um deles era justamente o de uma garota que estava na lista das minhas invejas. Justamente aquela pessoa que faria você se sentir absolutamente humilhada e inferior. A outra dor foi que, naquele mesmo instante, eu me senti a pessoa mais rejeitada do universo. Era como se eu fosse a personificação de todos os adjetivos negativos que existem.

Instantaneamente, eu me classifiquei como feia, insuficiente, inferior, descartável, desvalorizada e tudo o mais que você queira acrescentar de triste nessa lista. Aquele dia foi, literalmente, o primeiro grande trauma da minha vida, e foi nesse momento que a minha "primeira torre" caiu. Aquela Karine forte e sonhadora havia se transformado em nada.

Fui para casa chorando. Ao chegar, vi, na sala, um porta-retrato com uma foto minha e dele. Lembro-me de ter jogado o retrato no chão. Depois, peguei o telefone depressa, liguei para o celular dele e eu só berrava, dizendo algo como: "Você não imagina a dor que estou sentindo dentro de mim! Eu te levei a sério, e você fez isso?". Minha resposta foi o telefone mudo do outro lado da linha e a ligação telefônica encerrada — ele tinha desligado na minha cara.

A dor de uma decepção

Aquele dia foi doloroso, mas algo belo aconteceu.

Quando um trauma nos invade, Deus sempre se encarrega de mandar pessoas para nos ajudar a levantar. Essa pessoa era o meu pai. Ele estava exatamente na hora certa e no lugar certo. Era para ser ele, e não minha mãe. Embora ela sempre estivesse presente em minha vida, era nítido que minha mãe não aceitava o meu namoro. Por isso, tudo o que eu, uma jovem de 20 anos na época, não queria ouvir naquele dia era alguém me dizendo: "Eu não avisei!?".

Há momentos em que odiamos admitir o quanto as mães estão certas e o quanto as palavras delas têm grande peso para nós. Meu pai já era uma pessoa mais neutra e, por isso, naquele dia, suas palavras foram medicinais.

Ele pegou a chave do carro, olhou para mim e disse: "Vamos dar uma volta de carro, minha filha!". Eu estava desconsolada, não conseguia parar de chorar e ainda recordo como se fosse hoje, eu andando de carro com ele na avenida da minha cidade, vendo aquelas luzes amarelas dos postes e me perguntando porque os homens faziam esse tipo de coisa.

Ele me ouviu, me aconselhou e me confortou. Acho que a dor que um pai sente no coração ao ver sua filha vivendo algo doloroso não deve ser fácil.

Os dias se seguiram, mais tarde eu soube que meu ex-namorado tinha ido falar com o meu pai no trabalho dele. Ele disse algo do tipo: "Eu fui pedir a mão da sua filha em namoro e agora estou aqui para me desculpar pelo rumo que as coisas tomaram".

A resposta que meu pai deu foi muito esquisita, quase antagônica. Ao invés de dizer a ele algo do tipo: "Pois é, você perdeu uma ótima pessoa", ele disse algo que me deixou

Muitos rapazes e moças deveriam pensar mais sobre a forma como enfrentam seus problemas.

furiosa: "Você poderia ter feito escondido, de forma que ninguém soubesse!".

Resposta estranha vinda de um pai. No entanto, ao mesmo tempo que ele fez isso comigo, também penso na hombridade que o rapaz teve de se retratar com o meu pai. Teria sido mais fácil fugir.

Hoje em dia, fingir, silenciar, sair de cena, sempre é uma alternativa mais comum do que agir de forma honrosa. Penso que muitos rapazes e moças deveriam pensar mais sobre a forma como enfrentam seus problemas.

Como vimos no começo deste capítulo, dor é dor. Não importa se somos casados, solteiros ou viúvos. Também não importa se as pessoas dizem: "Deixa pra lá, é só uma decepção".

Não, isso não é apenas uma decepção. Precisamos parar e rever a história, mesmo que já tenha passado muito tempo. É uma coisa boa a fazer, nos dar o direito de acolhê-la em nosso colo, para que depois possamos seguir.

Comentários

Essa história seria água com açúcar para pessoas do mundo moderno, mas a memória é um solo sagrado para homens e mulheres, rapazes e moças.

O primeiro beijo, os primeiros olhares, a sensação de importância, o coração batendo acelerado — constroem uma estrada neural, e esse assunto precisa ser tratado com uma relevância maior do que a que costumamos dar.

Adultos carregam registros de histórias, quer sejam elas positivas ou negativas, há muitos casamentos em que as dores surgem bem antes de as pessoas se relacionarem. A modernidade pode fazer parte da nossa vida, mas as expectativas que temos de ser amados é algo que estará sempre intacto. Filmes e músicas costumam retratar o desejo de voltar a se sentir vivo, de sentir o sangue correndo pelas veias e isso é eterno.

Voltar na sua história é um passo muito importante, pois acessamos um registro chamado "memória afetiva emocional", em que todas as informações que recebemos acerca da nossa identidade residem dentro dos neurônios, mais precisamente no hipocampo. Afirmações como "Você é linda, querida, única!" ou "Você é feia, chata e estressada!" vão compondo a lista de adjetivos que tecem a maneira como você se vê e isso reflete suas escolhas.

Por sua vez, a modernidade pula etapas, não vive o frio na barriga, não chora de sofrimento, não conhece a dor cortante da saudade porque o próprio uso da tecnologia anestesia essa sensação. Tudo isso gera reflexos na vida adulta. O ato de elaborar bem cada etapa, e não atropelá-las, faz que possamos evitar emoções mal resolvidas que justificam uma série de traições e inseguranças que ferem muitas famílias.

Infelizmente, as pessoas desvalorizam assuntos nobres como os que foram tratados aqui ou sentem vergonha de abordá-los para não parecerem bobas ou descontextualizadas. O fato, porém, é o seguinte: seus grupos de neurônios fizeram registros de cada etapa da sua vida, e esses registros determinaram sua realidade afetiva.

Nem sempre temos a sorte de viver coisas boas e recomeçar se faz necessário quando os traumas fazem parte da sua história. No entanto, conhecer de perto o efeito que as

A dor de uma decepção

experiências emocionais causaram em você é o primeiro passo para voltar a se sentir vivo outra vez.

Reflexões

1. Como foi o seu primeiro beijo?
2. Que tipos de mensagens você costumava atribuir a si mesmo(a)?
3. Com quem você compartilhava seus segredos?
4. A forma como você costumava se ver anteriormente é a mesma como você se vê hoje?
5. Você já contou seus traumas e decepções de forma detalhada para quem convive com você?
6. Você passou por coisas ruins? O que fez você se levantar (caso isso tenha ocorrido)?
7. De que forma você lida com os conflitos que surgem na sua vida afetiva?

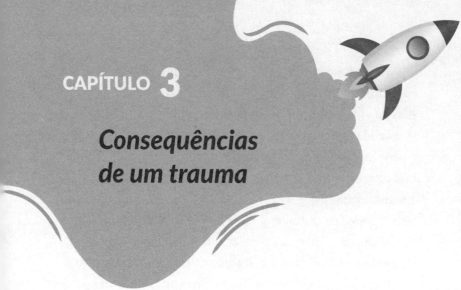

CAPÍTULO 3

Consequências de um trauma

Certa vez, eu estava em Belo Horizonte ministrando uma palestra para mulheres no Congresso Diante do Trono e o assunto era "Voltando à própria essência". Por alguns momentos, solicitei às congressistas que respondessem algumas perguntas em silêncio, e uma delas foi: "Escolha uma foto mental que traduza como você era quando criança. O que você vê no olhar dessa menina?". O silêncio era inquebrável e absoluto no meio da multidão, mas, aos poucos, surgiram sons de lágrimas, sussurros de dores, e lá no fundo da galeria, segundos depois, uma mulher grita o som da dor de alguém que, mais tarde vim a saber, foi ferida sexualmente quando pequena. Quando a segunda pergunta foi feita — "O que foi roubado dessa menina?" —, a reação foi quase uníssona. Todos nós tivemos nossas partículas roubadas, e entrar em contato com essa realidade é algo claramente angustiante.

As exatas características com as quais você nasceu são os exatos ingredientes de que precisa para vencer as batalhas da vida e cumprir os propósitos que Deus tem para você. À medida que crescemos e nos relacionamos com o mundo, vamos nos moldando de acordo com as situações. Feridas emocionais muito intensas, como abusos, negligências ou traumas sociais que envolvem outras pessoas, infelizmente têm o poder de distorcer a ideia de quem nós somos. Vamos perdendo características com as quais nascemos e, para nos defendermos da vida, nos cercamos de escudos de proteção.

Usando a metáfora das Torres Gêmeas, vamos imaginar que cada uma delas recebe um nome. A primeira torre, chamada Torre Norte, representa a nossa mente, e a segunda torre, chamada Torre Sul, representa o nosso coração e as nossas emoções. Quando somos bombardeados por alguma notícia ruim, sendo indicativo do trauma, o primeiro alvo a ser atingido é a Torre Norte, ou seja, a torre do raciocínio, do pensamento, da busca por compreender com mais clareza o que está acontecendo.

Tomando por base os acontecimentos históricos, o intervalo entre uma torre e outra ser atacada foi de 20 minutos. Se usarmos esse dado para avaliar a metáfora das emoções, perceberemos que o campo emocional e o campo racional não seguem o mesmo compasso. Primeiro você recebe a notícia ruim, depois você desaba. Mesmo que a Torre Norte (área da razão e da mente) seja atacada primeiro, a Torre Sul (coração e emoções) é a primeira que desmorona.

O que eu quero dizer com isso? Que um trauma faz que o seu coração seja ferido primeiro, e esse é o estrago maior. Ele tem o poder de arrebatar com todas as estruturas e

As exatas características com as quais você nasceu são os exatos ingredientes de que precisa para vencer as batalhas da vida e cumprir os propósitos que Deus tem para você.

acabar com toda a beleza da alma, a partir do momento em que é atingido.

Retomando a analogia das torres, após o "ataque", a Torre Racional, tenta aguentar firme, mas por dentro (Torre das Emoções), lidamos com ferimentos profundos.

Vamos entender, passo a passo, como essas reações ocorrem no campo das nossas emoções?

1. **O primeiro sinal da dor causada por um trauma é que acreditamos em uma mentira.**

Justamente por acreditar em mentiras é que passamos a alimentar pensamentos destoantes e errôneos a nosso respeito.

Uma pessoa que foi abusada sexualmente costuma carregar culpas que não pertencem a ela. Uma pessoa que foi traída costuma acreditar em mentiras. Alguém que foi desprezado, rejeitado e abandonado costuma achar que não é amado o suficiente para receber afeto.

Uma morte sem despedida alimenta uma culpa desnecessária. Uma ruptura de relacionamento nutre a ideia de ser inadequado. Se você não reconhecer que tipos de mentiras alimentou, é possível que passe anos circulando na mesma direção.

2. **O segundo sinal da de um trauma é o quanto nos tornamos diferentes do nosso jeito original de ser.**

Você simplesmente não é mais a mesma pessoa.

Em seu livro *Transformando corações*, Dimas Queiroz Junior foi muito feliz ao explicar, de forma clara, o que uma ferida emocional causa em nosso coração.

Consequências de um trauma

Fonte: JUNIOR, Dimas Queiroz. **Transformando corações**. São Paulo: DVoz Publicações, 2018. p. 15.

O autor contou que certa vez acordou de madrugada e Deus lhe deu uma visão na qual vários corações passavam por um processo de transformação. Havia três corações na imagem: um de carne, outro craquelado e outro completamente endurecido.

O primeiro tipo representava o coração do homem no início da vida, na forma original como fora criado: um coração puro, sem manchas, que ama, perdoa e recomeça, igual ao coração de uma criança pequena.

No período entre a infância e a maturidade, somos bombardeados por circunstâncias que nos ferem, magoam e, aos poucos, vão craquelando o nosso coração. Para nos proteger dessas situações, vamos criando muros, barreiras e fortalezas, como um sistema de autodefesa, e nossas emoções se tornam semelhantes a uma pedra. Coração de pedra, entendo eu, é aquele que não absorve nada do que alguém fala. É como se ficássemos com o coração congelado, igual à personagem do filme *Frozen*, a ponto de desconfiar ou não acreditar nas boas intenções daqueles que desejam fazer o bem a nós.

Quando fui traída pelo meu namorado, achei que não haveria um único homem na face da Terra em que eu pudesse acreditar novamente. Aquela falsa crença que me guiou por algum tempo é prova viva de que um coração puro vai se tornando craquelado e endurecido pela dor para nos proteger de futuras decepções. A boa notícia é que só Deus pode nos devolver um coração puro e nos curar de qualquer medo que nos impeça de sermos nós mesmos, mas essa parte linda da minha história eu contarei depois, em outro capítulo.

A prova do quanto essa metáfora é real é que talvez seja exatamente por isso que está escrito: "Darei a vocês um coração novo e porei um espírito novo em vocês; tirarei de vocês o *coração de pedra* e, em troca, darei um *coração de carne*" (Ezequiel 36.26).

Um fato resume essa fase da dor: Toda a nossa espontaneidade vai embora.

3. O terceiro sinal da dor causada por um trauma é que ficamos congelados na dor e paralisados em nosso desenvolvimento.

O corpo guarda as marcas. O trauma afeta a nossa memória e, de repente, tudo fica nitidamente contaminado por conteúdos negativos.

Em meus atendimentos, percebo que todas as vezes em que as feridas emocionais são o assunto principal da conversa, dificilmente os pacientes relatam suas dores de forma ordenada e cronológica. A dor faz que as pessoas recortem partes da história e camuflem outras para que seja mais suportável.

"Tudo está horrível!", "Nada valeu a pena!", "Eu sou insuficiente!", "Não tenho valor!", "Sou idiota, incapaz, fracassado, inseguro e culpado!", "Há algo de errado comigo!", "Eu mereço o que está acontecendo!", "Como eu fui bobo de não ver?", "Não faço nada certo!", "Eu deveria morrer!". Todas essas mensagens são desconstruções esperadas de alguém que foi machucado. Não conseguimos evoluir e nos cobramos por isso. O passado contamina cada situação nova e qualquer evento rotineiro.

Se não pararmos para fazer um rastreamento de nossas dores, até mesmo as dores físicas passam a nos fazer companhia.

4. O quarto sinal da dor causada por um trauma é que o nosso comportamento é afetado.

Até o momento, a dor afetou nossas emoções, nosso coração e nossa identidade. O quarto ponto que ela afeta é o nosso comportamento. A dor começa a exalar para fora, como se as feridas emocionais estivessem literalmente vazando. Para evitar que a situação se agrave, precisamos estar atentos aos sinais.

É exatamente nessa hora que a segunda torre cai. O coração aguentou até aqui, mas ninguém viu suas marcas. Agora, de forma disfarçada e sem que as pessoas percebam, o comportamento racional passa a ser um retrato da dor emocional.

Para explicar melhor sobre o assunto, escolhi uma autora americana que desenha perfeitamente o retrato das nossas dores.

Em seu livro *Seu perfeito você*, Caroline Leaf deixa bem claro que nossas feridas atingem não somente o nosso coração, mas também nossa forma de agir. Ela compara nossas dores com duas árvores (a árvore do medo e a árvore do amor), e nos convida a olhar para dentro de nossas ações.

Quanto mais desorganizados emocionalmente nós estamos, mais a árvore do medo crescerá em nós. É como se essa árvore tivesse vários galhos e cada um deles recebesse o nome de um comportamento: vícios como álcool, pornografia, comida, excesso de academia, hipersexualização, perfeccionismo, isolamento, explosões emocionais, excesso de autocrítica e reações adversas como enxaqueca, fobias, ansiedade, depressão e transtorno de estresse pós-traumático. Esses são apenas alguns dos exemplos por meio dos quais você pode medir se suas dores já foram tratadas. Quando você já elaborou suas emoções, fica livre para reagir como a árvore do amor, ou seja, você apresenta reações muito semelhantes às que tinha quando criança, e isso envolve, amor, bondade, alegria, paz, fidelidade, mansidão, domínio próprio e paciência.

Com toda essa explicação metafórica, podemos entender que toda árvore tem uma raiz, e, dependendo do que essa raiz se alimenta, você consegue definir que tipo de frutos dará. Se você se nutre com pensamentos tóxicos, amor tóxico, horários tóxicos, toque tóxico, fé toxica e escolhas tóxicas, é natural que os vícios transbordem ou que a ansiedade ou depressão entrem na sua vida; com isso, os galhos de sua árvore estarão todos intoxicados. O contrário também é verdadeiro: com escolhas saudáveis, horários saudáveis, emoções saudáveis e uma vida mais consciente, seus galhos se mantêm firmes, mesmo que a vida o surpreenda com situações difíceis.

Leaf também afirma que todos nós experimentamos o poder de sair do nosso "perfeito eu", mas quanto mais mantivermos nossas características das fotos de nossa infância, mais emocionalmente saudáveis nós estaremos.

Ao longo da vida, somos bombardeados, principalmente pelas redes sociais, com a pressão de nos compararmos com os outros, sermos melhores e nos sentirmos inferiores. Precisamos estar atentos aos sinais para frear a ação da dor emocional e impedir que ela nos domine.

Essa cascata de reações, que muitas vezes são consequências das feridas da vida, é um medo psicológico que foi acionado.

Se você perceber que seus galhos tóxicos estão produzindo folhas tóxicas, é indício que o seu coração precisa de ajuda. Significa que você saiu do seu original (amor e afeto) e voltou aos galhos do medo, o que sinaliza que precisa cuidar de suas emoções.

5. O quinto sinal de um trauma é o espelhamento da dor.

Quando estamos machucados, mesmo sem entender, acionamos uma reação em cascata em que muitas vezes "espelhamos" nos outros sentimentos ruins que não paramos para organizar em nós mesmos.

Se fosse explicar esse espelhamento de forma simples, eu diria que infelizmente alguém tenderá a pagar a conta pela injustiça que vivemos. Quem nunca brigou desnecessariamente com os pais quando, na verdade, queria ter discutido com uma amiga? Que mãe ou pai que, após um dia cansativo de trabalho, não descontou nos filhos sua exaustão e impaciência? O nome disso é espelhamento.

Quando você não estiver bem, tome cuidado para não descontar suas dores em quem não merece, porque a vida não deve ser assim. Não desconte em quem só quer ajudar.

É difícil administrar a rejeição, a frustração, a troca, a inferioridade e sentimos tudo isso principalmente na juventude, como se misturássemos todos esses sentimentos em um copo e fizéssemos um *milk shake* que temos de engolir em doses cavalares, sem poder escolher a quantidade. Você sente vergonha de si mesmo e dos outros, e acorda no dia seguinte bebendo esse *milk shake* mais uma vez, e no outro dia também.

Para os outros, é fácil dizer: "Pare de ficar ressentido!", "Liberte-se da dor!", "Perdoe!", mas não é tão simples assim. Essas são as atitudes racionais que devemos tomar, mas só quem já passou por isso sabe o quanto é difícil desejar fazer o certo e não conseguir.

Mesmo diante da dor, atente-se para o seguinte: todos os fatos só deixarão você mais forte, e é preciso calma para esperar acomodar todas as emoções. Por isso, não faça dos outros depositários de suas amarguras.

A boa notícia é que quanto mais curados somos de nossas feridas emocionais, mais voltamos a agir de maneira semelhante ao modo original, ou seja, do modo como fomos feitos para ser desde quando viemos ao mundo. Afinal de contas, "Deus não nos deu espírito de covardia, mas de poder, de amor e de equilíbrio".[1]

Não é fácil voltar a um coração original de criança, sem ficar craquelado pelas dores da vida, mas esse é o alvo para o qual você deve olhar para que suas dores sejam tratadas. Quando há reparações da dor por parte da pessoa que o magoou, provavelmente você consegue recuperar sua originalidade. Caso sua cura aconteça de forma solitária, é importante passar por todas essas etapas citadas anteriormente.

Mesmo após as surpresas da vida, sabemos que o caminho entre a dor e a cura é uma estrada gigantesca a ser trilhada, e é sobre isso que falaremos nos próximos capítulos.

---

[1] 2Timóteo 1.7

Reflexões

1. Liste aqui uma ferida que mudou o seu coração original. Que dor machucou você profundamente?

2. Em quais mentiras você acreditou?

3. Quais as consequências que essa decepção trouxe para a sua vida?

4. Que sentimentos você teve e que se repetem em momentos de conflito? Desvende o sentimento da sua vulnerabilidade, ou seja, aquele que o deixa mais sensível.

5. Olhando para esse "mapa da árvore do medo e do amor", perceba três comportamentos claros que você aciona como defesa, quando sente que está na região do medo (vícios, ansiedade, melancolia, manias etc.).

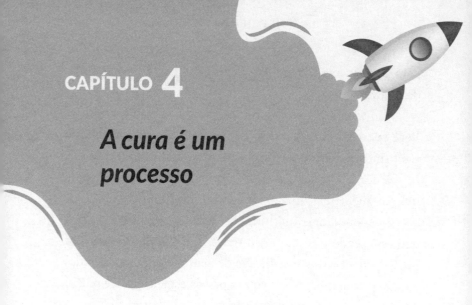

CAPÍTULO 4

A cura é um processo

Certo dia, eu estava atendendo uma jovem que tinha terminado o seu relacionamento afetivo e já estava sofrendo havia dois meses. Suas amigas a questionavam dizendo: "Você ainda está sofrendo? Você não consegue reagir? Você não está fazendo terapia?". A resposta a essas perguntas era um claro e tranquilo "Sim, eu ainda estou sofrendo".

A juventude atual tem se tornado visivelmente alérgica à dor, como se fôssemos obrigados a não ter sentimentos que nos tornam humanos. As relações desfeitas são elaboradas com fotos postadas nas redes sociais, apresentando-se de forma notavelmente falsa, como se a legenda "Vejam como eu estou bem!" realmente fosse real.

Sinto dizer, mas nossa recuperação emocional merece muito colo e carinho da nossa parte. Quando algo nos machuca, isso significa que nossas emoções estão inteiramente voltadas para aquelas relações, e lidar com os tombos é algo legítimo de se levar em conta.

Não tratamos nossas dores com pressa ou com anestésicos. Você não cura uma decepção com gotas de postagens falsas e muito menos com um sorriso que passe um ar de autossuficiência.

A dor fere, machuca, desorganiza... Levamos tempo para nos reerguer e mais tempo ainda para nos recuperar.

Quando somos machucados, ficamos atentos a tudo o que está sendo dito ao nosso redor, e os barulhos lá de fora nos impedem de ouvir o silêncio de dentro. Por meio das redes sociais, procuramos saber o que a pessoa está fazendo, e se isso não for possível, queremos notícias que alimentem nosso ego e que confirmem que não somos tão descartáveis assim.

Na hora da dor, não devemos buscar os barulhos lá de fora. Apesar da tempestade que há dentro de nós, precisamos aquietar a alma, silenciar na busca da reconstrução, conversar com pessoas sábias e coerentes, procurar ajuda com pessoas de confiança, evitar comportamentos destrutivos, ler livros de pessoas que já passaram pela mesma situação e coisas afins.

Após minha dor ter sido declarada sobre a traição do meu namorado, eu levei nove meses para me levantar. Recordo-me que o namoro acabou no último ano da faculdade e eu precisava começar os estágios. Nós nos reuníamos com os grupos da faculdade e um professor nos dava supervisão sobre o que estávamos fazendo.

Houve um dia em que eu pedi para ir ao banheiro, e naquele dia eu me ajoelhei diante do vaso sanitário e chorei como criança, pedindo para Deus tirar aquela dor de dentro de mim. Será que algum dia ela iria sair? Eu estava muito machucada, e ao mesmo tempo que a raiva, a injustiça e a insuficiência me consumiam, eu sentia falta de Deus e me recusava a admitir que essa falta existia.

Lembro-me também que os meus dias eram cinzas. Eu era apenas uma universitária que tentava se reerguer; por isso, todas as segundas-feiras eu saía de um estágio, ia até um lago que havia na cidade que eu estudava e lá colocava a mesma música para tocar umas dez vezes. Era um louvor calmo — "Essência da Adoração", de David Quilan —, que aquietava a minha alma e, ao mesmo tempo, me dava a nítida sensação de achar alguém que iria me valorizar. Alguém que fosse calmo e que respeitasse quem eu era, além de amar o meu desejo de me guardar sexualmente até o casamento.

Os meses foram passando e eu só ia sobrevivendo. Hoje olho para traz e percebo que não devemos nos apressar para que a dor vá embora. Por mais insuportável que pareça ser, a dor precisa de tempo e do nosso respeito.

Eu vivi aquilo despretensiosamente e hoje penso que o tempo que tive foi o que eu precisava para ter minha identidade resgatada. Durante aquele período, eu acabei me afastando de Deus, como se ele tivesse culpa, ainda que Deus nunca tivesse se afastado de mim. Nossa impotência diante da dor erroneamente nos leva a um nível de falsa autossuficiência; impedimos ou até culpamos os "por quês" de Deus.

Acredite: ele não desperdiçará nenhuma de suas dores, até porque elas serão remédio na vida de outros, sem contar que Deus pode ser o seu melhor psicólogo. Algo que comprova esse pensamento foi uma experiência que eu tive numa sorveteria.

Eu sempre saía para fazer caminhadas e colocava músicas para ouvir como forma de elaborar minhas dores. Nessas caminhadas, eu parava numa sorveteria e pegava sempre o mesmo sabor. Você também busca sempre os mesmos sabores de sorvete?

Eu gostava de algo doce e um dia senti como se Deus estivesse ao meu lado dizendo: "Experimente algo novo, minha filha... Prove o de limão. Ele é semelhante ao que você está vivendo, tem o sabor azedo, mas não deixa de ser doce".

Eu provei... e, ao tomar aquele sorvete, tenho certeza que senti como se Deus estivesse ao meu lado, caminhando comigo e dizendo: "Eu estou aqui!". Eu realmente estava vivendo algo azedo, mas que não deixava de ser doce, porque foi nesse tempo de solidão que o meu eu recebia tratamento.

Submeta-se a esse momento e não o camufle com anestésicos emocionais.

Quando você tem reações comportamentais de autoafirmação — tais quais os relatados no capítulo anterior como vícios, agressividade, excesso do uso de tecnologia, ansiedade, depressão, fumar, beber, hipersexualizar-se e ter atitudes que não fazem parte de você —, significa que você ainda precisa ser tratado e deve respeitar mais o silêncio da sua alma.

Não fuja da dor. São muitas dúvidas circulando na mente e as respostas vêm com o tempo; portanto, não precisa acelerar o processo, porque, se assim o fizer, você será igual o bolo que é retirado do forno antes do tempo: ele murcha e não fica bom para degustação.

No meu caso, eu tive atitudes que não condiziam com o meu eu. Eu saía com a barriga à mostra e os seios pulando para fora da roupa, como se dissesse para o mundo todo: "Alguém me diminuiu, mas eu estou aqui para provar que sou gostosona". Hoje, quando vejo moças assim, a única coisa que penso é: "Eu conheço a sua dor".

A cura é um processo

Não seja quem não combina com o que você realmente é. Fazendo isso, só há um resultado: você perde a graça!

Eu não poderia ser quem eu não era. Lá no fundo, eu sabia que fui feita para fins nobres e não me encaixava no mundo de meninas fúteis e oferecidas. Eu jamais iria conseguir sustentar algo que não era meu. Querer me enquadrar não fazia que eu pudesse me diferenciar, mas em meio à dor, a gente espelha reações dos outros, e leva tempo até nos autorresgatarmos.

O mais importante é saber que tudo vai passar; mas, até esse dia chegar, é preciso ter paciência com a dor. Ela é intrusa e não respeita sexo, idade ou classe social. Não importa se você está certo ou errado, se é feio ou bonito, interessante ou desajustado. A dor não é preconceituosa e visita a todos. Trate-a com respeito, fazendo isso, ela irá embora mais cedo.

Algo lindo ocorre quando a cicatriz registra a lembrança, mas a dor não faz mais parte da vida.

Uma história emocionante sobre cicatrizes que jamais me esquecerei foi o registro real de uma mulher cujo marido tinha voltado da guerra. Não sei se você sabe, mas, quem vai para a guerra, geralmente não volta a mesma pessoa. Devido ao trauma emocional de situações difíceis, a pessoa muda do seu jeito original (tal qual expliquei nos capítulos anteriores) e, em muitos casos, volta retraída, tendo lapsos de agressividade, porque tem dificuldade de voltar para o mundo real.

Essa esposa criou uma expectativa quando ele partiu para a guerra e, ao retornar, ela achava que ele voltaria com a mesma intensidade que foi, mas não foi isso que ocorreu. Ela passou a se sentir rejeitada, deixada de lado e sentia-se insignificante. Ele não queria conversar e ficava cada vez mais isolado em seu quarto.

Com o tempo, ela foi se aborrecendo e em suas orações demonstrava sua indignação de se sentir excluída das emoções de seu marido. Em um desses dias de choro contido, ela sentiu Deus falando algo ao coração dela: "Você não conhece as dores que ele carrega. Beije-o em todas as suas cicatrizes.".

Trocando sua justiça própria por profunda compaixão, ela entrou no quarto enquanto ele saía do banheiro, pediu que ele deitasse e, com muito carinho, ela beijou todas as marcas que a guerra tinha deixado em seu corpo. Rasgos, furos cicatrizados e cortes... ela foi beijando um por um.

Nesse momento, uma lágrima escorreu do rosto dele... como um poro que volta a respirar na derme, ela conseguiu tocar em suas mais profundas dores. Com seu afeto, ela conseguiu extrair dele os resquícios da dor. Isso representa destravar um trauma, respeitando seus processos.

Para um mundo em que as pessoas sempre pensam em ser servidas, ao invés de servir, essa história é um convite para que nós sejamos agentes de cura das cicatrizes de quem convive conosco, ao invés de desejarmos sempre ser satisfeitos emocionalmente pelos outros.

Contei essa história para um casal de amigos Ela teve varicela e pegou uma bactéria séria, seu corpo ficou cheio de marcas corporais que pareciam facadas. Ela é dona de um dos corpos mais lindos que já vi, mas, por causa do ocorrido, ela se retrai. Creio que ele ainda vai me contar o final de como ele conduzirá uma noite de amor...

Um homem também tem o poder para destravar um trauma de uma mulher.

Convido você a ser esse agente do processo da cura de alguém. Os rastros serão incontáveis.

Reflexões

1. Se você está vivendo ou viveu algo difícil, cite três sinais que o fez perceber que ainda não estava curado?
2. Qual é sua forma de aquietar o coração?
3. Será que, inconscientemente, você culpa Deus por suas desgraças?
4. Você já percebeu que, quando age copiando alguém, você perde a graça? Ninguém aprecia clones.
5. Você já foi um agente de cura na vida de alguma pessoa? (Um parente, filho, esposo, amigo, pai, mãe etc.) Como se sentiu com esse processo? Caso não, atente-se para a história inspiradora relatada no final do capítulo.

CAPÍTULO 5

Arrependa-se de ser quem você não é

Certo dia, atendi um jovem médico, um bom homem e cristão. Eu acompanhei sua primeira decepção amorosa aos 18 anos de idade, e depois disso ele foi morar no exterior para fazer faculdade. Dez anos depois, ele voltou às consultas, pois queria desfazer um noivado que o estava incomodando.

Em nossa conversa, falamos sobre o quanto ele ficou diferente após sua primeira decepção amorosa, e ele, mais do que depressa, comentou: "Eu jamais voltarei a ser como era. Eu fiz tudo por aquela namorada e ela simplesmente jogou tudo fora. Eu era um trouxa. Hoje eu posso ser qualquer pessoa, mas não volto a ser a pessoa de antigamente".

— Lucas — disse eu —, você não tem nada de bobo ou de trouxa. Você simplesmente escolheu amar, e para isso, é preciso ficar vulnerável.

— O que adianta ser vulnerável? — ele argumentou. — Hoje em dia, eu prefiro não me entregar a ter de passar por essa dor novamente — complementou.

— Eu conheci você antes e o conheço hoje, dez anos depois, e posso dizer que prefiro a sua versão antiga. Seu coração está como uma pedra, e suas defesas estão tão fortalecidas que você não permitirá que nada de bom entre em seu coração. Você pensa que todo mundo quer enganá-lo, ou que, se você se entregar, irá sofrer novamente. Sua racionalidade foi útil no momento em que você levou o fora da primeira moça, mas não é por isso que você precisa usá-la como defesa para o resto da vida.

Para complementar minha explicação, compartilhei com ele a experiência de cura que eu tive das minhas dores emocionais, quando Deus trocou o meu "coração de pedra" por um "coração de carne" — um relato que farei mais adiante. Quando terminei a história, ele me perguntou com toda a sinceridade:

— Como irei mudar meu coração de pedra? Sou assim há tantos anos que nem lembro mais de como eu era.

Por alguns instantes, fiquei sem resposta. Eu sabia da experiência sobrenatural que eu tinha vivido, mas não sabia como ele poderia arrancar seu coração de pedra, porque isso é algo muito subjetivo.

Fui embora pensando nisso e, no caminho, pedi a Deus que me ajudasse a responder a pergunta que Lucas fez. Eu havia passado uma série de informações a ele, mas não foi o suficiente para curá-lo. Era preciso algo mais: o toque que só o Pai consegue dar.

No dia seguinte, quando acordei, fui ouvir o Pai, como faço todas as manhãs. Deus foi tão claro comigo, como quem sussurrasse aos meus ouvidos: "Fale a ele por parábolas, ou seja, com histórias metafóricas que possam ilustrar o que ele está passando".

— Qual seria essa metáfora, Senhor?

Ele me fez lembrar das raposas que comem as uvas de uma vinha, que lemos em Cântico do cânticos 2.15:

> Apanhem para nós as raposas,
> as raposinhas que estragam as vinhas,
> pois as nossas vinhas estão floridas.
> (Cântico dos cânticos 2.15)

Mesmo eu não entendendo nada sobre animais de nenhuma espécie, fui procurar, no Google, vídeos de raposas que comem as uvas dos vinhedos para entender melhor. Descobri que plantar uvas era algo comum a muitas famílias, e era um trabalho passado de pai para filho, como forma de sustento. A raposa é um inimigo muito perigoso para o processo de plantação, pois ela costuma atacar a vinha para comer o seu fruto. Às vezes, ela nem espera o fruto: devora a flor e, dessa forma, o fruto nunca surge. Mesmo sendo um problema, a aparência inofensiva e graciosa da raposa fazia que, muitas vezes, as pessoas tolerassem sua presença, em vez de afastá-la dali.

É isso o que fazemos quando alimentamos o nosso coração de pedra. Infelizmente, permitimos que essas "raposinhas" comam nossas uvas e flores, que simbolizam toda a nossa pureza, nossa entrega, nosso desejo de agradar a quem amamos, justamente porque elas vão matar aquilo que há de mais lindo em nós.

A raposa representa algo tão aparentemente "inofensivo", que a própria Palavra diz: "As raposinhas que estragam as vinhas", ou seja, se refere às raposas no diminutivo, quase como se fossem um bichinho de estimação. Pessoas que já foram machucadas acabam convivendo com um pecado de estimação e nem percebem. Elas alimentam a ideia de que "Não vou ser burro(a) outra vez"; "Ninguém vai me enganar novamente"; "Homens não prestam" ou "Mulheres são todas iguais".

A vinha, por sua vez, é como se fosse a obra do Espírito em nossa vida. Quando damos corda para esse sentimento de estimação, automaticamente impedimos que algo maior aconteça em nossa vida. Isso não significa, porém, que devemos nos envolver com qualquer pessoa que aparecer na nossa frente, mas sim que não podemos deixar de ser quem somos. Não podemos abandonar a nossa essência.

Muitas coisas podem causar sérios prejuízos à nossa vida, e o medo de amar novamente pode provocar nossa própria destruição. Como as raposinhas na vinha, elas vão chegando devagarinho, em silêncio, e quando percebemos, já estão instaladas em nosso coração. São pensamentos aparentemente inofensivos e "que não fazem mal algum", que não são vistos por ninguém, mas que vão nos destruindo. É tudo aquilo que está guardado no mais profundo do coração e pensamento, e que muitas vezes nos envergonha quando vem à tona.

Tome cuidado com essas raposinhas. Enquanto você as alimenta dentro de si, os presentes que Deus tem para você ficam estancados. Sem eles, não há frutos. Basta uma palavrinha maldosa, um comentário sobre você ou sobre a pessoa que te magoou, um sentimento de inveja ou rancor.

Quando menos esperamos, a benção é destruída e, mais tarde, coisas tristes poderão acontecer.

Outro ponto de análise é: o que estava escrito no final de Cântico dos cânticos 2.15?

> Apanhem para nós as raposas,
> as raposinhas que estragam as vinhas,
> *pois as nossas vinhas estão floridas.*

Perceba que Deus nos instrui a cuidar de nossas vinhas, porque, afinal, elas estão floridas. Isso significa que você era feliz, alegre, contente; que se entregava para o outro, se preocupava com o bem-estar do próximo, pensava em como poderia agradá-lo — ou seja, você estava florido(a).

Não há nada de errado com isso. Quem fere você não está à sua altura, mas o que importa é que você estava sendo brilhantemente você.

Leia "suas vinhas estão floridas" como "suas uvas são doces e macias" e ninguém é tão poderoso para arrancar o que você tem de mais bonito. Aqui há uma advertência escondida: volte urgentemente a ser você mesmo, pois você é quem está florido; o outro pode estar machucado.

Você é quem exala cheiro de afeto e de carinho. Se o outro vai se dar bem ou não, o que importa? Basta você saber que você é a parte florida da história.

Cuide para que sua vinha não esteja caindo em uma armadilha e para que nenhuma raposa estrague os seus sonhos. Ordene que elas não façam morada em sua cabeça. Elas podem querer atacar você, e todos nós passamos por decepções, mas você é responsável por não deixar que elas destruam suas habilidades, quebrem seus galhos e arranquem folhas, cavem buracos na sua alma e estraguem suas raízes.

Raposas representam tudo aquilo que você se tornou quando deixou que seus traumas comandassem a sua vida e que aquela pessoa que o magoou tivesse o poder de controlar suas emoções. Lembre-se: você é um jardim florido, e não um canto de flores fétidas e mortas.

Após toda essa explicação, que mais tarde foi dada ao rapaz, Deus sussurrou algo ainda mais profundo em mim: "Quando ele perguntar a você novamente como fazer para voltar a ter um coração de carne e não de pedra, diga-lhe as palavras de Ezequiel 18.30". Eu nunca gravo as referências, e naquele dia fui procurar o que dizia aquela passagem:

> Arrependam-se!
> Desviem-se de todos os seus males, para que o pecado não cause a queda de vocês.

O quê? Como assim?

Eu achei que Deus ia passar a mão na nossa cabeça e nos trazer uma palavra de conforto após a dor, e ele faz isso? Uma pessoa me fere, me machuca, acaba com a minha autoestima e sou eu que preciso me arrepender? Que absurdo é esse?

É isso mesmo. Você se tornou quem você NÃO É, e esse é o erro.

Para piorar, ele ainda acrescenta o seguinte: "Livrem-se de todos os males que vocês cometeram e busquem um coração novo e um espírito novo" (v. 31).

Resumindo, são três tarefas:

1. Livrar-se do mal de ser quem você não é;
2. Buscar um coração novo;
3. Buscar um espírito novo.

"Buscar", no dicionário Aurélio, é um verbo que significa "esforçar-se por achar ou descobrir", "examinar minuciosamente, investigar, pesquisar, esquadrinhar as causas de um fenômeno".

Preciso dizer algo mais?

As uvas têm muito açúcar e as raposas consomem toda a parte doce da sua personalidade. Não deixe que pensamentos e mágoas sejam os açúcares dos quais elas se aproveitam em sua vida. "Arrependam-se e vivam!"

Arrependa-se por ter dado poder para uma raposa definir quem você é horizontalmente e busque sua autoimagem verticalmente, ou seja, em como Deus o vê, e não em como os outros o enxergam. Arrependa-se por um dia ter se comparado a outras pessoas a ponto de se esquecer da sua singularidade, ou por ter se inferiorizado ao diminuir as características da sua existência.

Voltando à história daquele rapaz, nós nos vimos novamente nos dias seguintes e a conversa teve sequência:

— Como passou seus dias?

— Fiquei pensativo a semana toda.

— Que tipo de reflexões lhe vieram à mente?

— Pensei no fato de que nada do que eu planejei aconteceu. Primeiro, eu me entreguei completamente para a minha primeira namorada e mesmo assim levei um fora. Depois, namorei por cinco anos, noivei, mas antes de me casar, terminei tudo com ela. Nada do que me parecia agradável aconteceu comigo.

Prosseguindo nossa conversa, perguntei a ele:
— O que foi arrancado de você?
Ele disse algo que nunca ouvi de outro rapaz. Com olhos de quem procura rastrear uma resposta mais próxima da verdade, ele diz:
— O que foi arrancado de mim, foi a minha INOCÊNCIA.
— Sua inocência? — E o silêncio pairou no ar.
— Sim. Eu era um rapaz inocente e sonhador, dedicado ao meu futuro e determinado a passar na faculdade. Eu tinha planos e sonhos, imaginava o meu futuro, respeitava todas as meninas. Mas, depois daquela minha primeira dor, eu fiz tudo o que não era "eu". Acho até que mantive o relacionamento com a minha ex-noiva por todo esse tempo porque sentia que tinha o compromisso de não decepcioná-la.

Então, eu questionei:
— A partir da sua decepção, você sente que passou a desprezar a "inocência" e tratá-la como um defeito, como se jamais devesse usá-la novamente? Você a chutou, diminuiu seu valor, menosprezou seus privilégios, justamente porque nos dias atuais, quem é inocente é considerado bobo?

Pensativo, ele respondeu:
— Creio que sim. Foi isso mesmo o que eu fiz.
Silêncio novamente.
— Para você, o ato de resgatar sua inocência lhe parece distante ainda?
Ele disse que sim e me perguntou:
— Você também perdeu sua "inocência" após ter sido magoada?
— Sim — eu respondi.
— E como você a recuperou?

— Como eu a recuperei?

Essa pergunta eu faço a você, leitor: Como resgatar a inocência, mesmo vivendo em um mundo onde falar sobre isso parece fora de moda?

Podemos perder traços de quem somos, mas nunca seremos felizes longe de quem fomos projetados para ser. Somente depois de se arrepender de ter se tornando quem não é você terá vida.

Seja emocionalmente livre.

Reflexões

1. Você se recorda de algo do qual realmente se arrependeu?
2. O que o arrependimento causou em você?
3. Você se portou de forma a dizer "sim" quando gostaria de dizer "não"?
4. Isso ocorre com frequência?

CAPÍTULO 6

Despedidas necessárias

Não é sempre que podemos nos encontrar com as pessoas que tiveram importância em nossa história para tomar um café com elas, dizer tudo o que pensamos e, então, seguir em frente. No entanto, a vida me proporcionou esse tipo de surpresa, mas antes de falar sobre isso, quero falar sobre um autor judeu chamado John Gottman e seu livro *Sete princípios para o casamento dar certo*.

Esse livro foi, para mim, indiscutivelmente o melhor livro de casais que já li em toda a minha vida. Escrevo isso sem ressalvas, pois a obra é resultado de mais de 20 anos de experiências do autor, que se dedicou a trabalhar em um laboratório de casais em Seattle testando seus níveis de estresse, seus batimentos cardíacos e fazendo toda uma análise psicológica sobre as brigas que ocorriam. Eu poderia passar horas explicando a você tudo o que esse grande matemático fez, mas vou apenas dizer que o livro de Gottman é tão rico, que é como se eu tivesse acesso a mais de duas décadas de pesquisa científica em apenas algumas páginas de livro.

Em uma dessas páginas, o autor cita a arma secreta de um relacionamento feliz. Definitivamente, este não é mais um daqueles livros que tenta convencer você de que seguir seus passos fará que tudo dê certo em sua vida. John Gottman realmente tem meu respeito em seu trabalho exaustivo, e é nesse trabalho que ele cita a importância de termos as "tentativas de reparação", isto é, condutas para reparar a ação errada que já tivemos.

Tolo ou não, esse conceito tem sido amplamente ignorado nas brigas de qualquer ordem de relacionamento. Nós não podemos encerrar uma briga dizendo para o outro: "Foi mal", ou "Desculpa aí", ou "Nada a ver o que eu fiz". Agir com nobreza envolve ter iniciativa para fechar todos os pontos que ficaram para trás em um poderoso efeito restaurador da mente.

Reparar a ação é um remédio para a alma. É algo que impede que a negatividade fique fora de controle. As tentativas de reparação têm o poder de fazer que as pessoas envolvidas no relacionamento em questão tenham uma vida emocional saudável, mesmo que elas próprias não estejam cientes do poder que aquilo pode gerar.

***

Eu estava, no último ano da faculdade e tinha de cumprir algumas horas de terapia para obter minhas horas de estágio. Naquela manhã, decidi falar sobre o fato de eu ter recebido uma ligação da mãe do meu ex-namorado dizendo que eu e ele deveríamos sentar para conversar, de forma a repassar toda a história que tinha ficado para trás.

Despedidas necessárias

Eu ainda pensava nele todos os dias — mesmo após quase nove meses do término —, mesmo sabendo que nunca mais voltaríamos a namorar. Não era mais a dor da separação, mas uma mistura de saudade, orgulho, raiva e afeto que ainda me conectava a ele.

Ao fazer esse comentário, eu estava descartando qualquer possibilidade de nos vermos novamente, até que a psicóloga disse:

— Ué! O que impede você?

— O que me impede? Eu passei tudo o que passei e você ainda acha que eu tenho de ligar para ele para conversarmos? Isso é impraticável!

Mal sabia ela que aquela dúvida ficou na minha cabeça por dias. Então, aproveitando que eu ia para um congresso em uma cidade próxima a que ele estava morando, resolvi baixar a guarda e finalmente me entregar ao que eu achei que iria me enfraquecer, mas, na verdade, foi o que me ajudou a me liberar.

Liguei para ele. Avisei que estava na cidade e, com o coração saindo pela boca, marcamos de nos encontrar em um café. Lembro que meus trajes eram provocativos, com o corpo à mostra, só para me autoafirmar. Era o meu "jeito ferida" de dizer: "Olha só o que você perdeu".

Eu olhava para ele e ele me olhava de frente, após longos meses sem nos vermos. A saudade era nítida de ambas as partes.

— Oi... Tudo bem?

— Tudo bem, e você?

Àquela altura, eu já tinha feito uma lista mental interminável de perguntas e estava decidida a não sair de lá sem as respostas. Eu precisava delas para que eu pudesse me libertar.

Até hoje penso que todo mundo merece tirar as dúvidas e checar as motivações, desde que o outro esteja aberto para falar.

Entre falas, olhares e comentários, criei coragem e finalmente perguntei:

— Por quê? Eu gostaria muito de saber a razão de você ter feito tudo aquilo e ter causado um buraco dentro de mim depois de beijar outras pessoas, inclusive minhas "amigas".

Eu sabia que aquela seria a hora da verdade. A hora em que eu iria confirmar o quanto eu era insuficiente para ele e ia tirar minhas centenas de dúvidas hipotéticas e mal-esclarecidas. Eu precisava daquela resposta. E a resposta que veio foi algo claramente organizado na cabeça dele:

— Eu não queria magoar você, mas nós já namorávamos por três anos e meio e você não foi para a cama comigo. Você não se rendeu a mim, e eu acabei não aguentando.

Ao ouvir aquilo, fiquei tentando processar suas palavras e as emoções opostas que haviam em mim: ao passo que me sentia mal diante daquela dura verdade, por outro lado, também senti orgulho de mim mesma por não ter cedido. Então, com muita tranquilidade, eu disse:

— Lá no fundo, você sabia que eu não ia dormir com você. Eu sempre quis me casar virgem, mesmo que isso seja ridículo para o resto do mundo.

(Eu não sabia ao certo porque isso era tão forte para mim. Eu não era muito religiosa, minha mãe já tinha me liberado para ter atos mais íntimos, eu namorava havia anos, mas, mesmo assim, não queria me entregar antes do casamento. Por alguma razão, talvez pela própria história da minha mãe que se casou virgem, e de ver meus pais se darem bem, creio que eu possa naturalmente ter associado uma coisa à outra, e essa questão pode ter exercido uma influência positiva sobre a minha mente).

Até hoje eu penso que uma mulher que se preserva se poupa de angústias desnecessárias e protege suas emoções de traumas. Se o homem realmente quiser, ele que espere para ter intimidade!

Isso esclarecido, parti para a segunda pergunta difícil:

— Com quem você ficou? Quem foram as meninas que você beijou?

Ele disse os nomes de algumas, incluindo aquela por quem eu sentia uma inveja velada justamente porque era a menina mais bonita da escola e eu sempre me sentia inferior a ela. Eu me senti mal naquela hora e ele ainda acrescentou: "A Fulana beija muito bem!".

O sentimento de derrota era nítido.

Depois de mais algumas perguntas, ele me pediu perdão e novamente disse que não queria me magoar. Eu também pedi perdão a ele sobre coisas que não lembro, porque ainda me sentia na condição de injustiçada, mas sabia que aquele encontro significava muito mais do que falar nossas razões pessoais. Aquele dia definiria a liberação do perdão que nós dois precisávamos nos dar para poder seguir a vida de forma mais livre. Seria o dia em que a chave do perdão nos libertaria das correntes invisíveis que nos ligavam um ao outro de forma emocional; o dia em que enfim poderíamos seguir em frente.

De fato, foi isso o que aconteceu.

Mal sabia eu que a partir daquele dia eu finalmente poderia desfrutar da sensação de poder seguir em paz. Todas as relações afetivas precisam desse oxigênio, ao invés de serem levadas aos carbonos da raiva, nos consumindo com esses ácidos da modernidade. Se todas as pessoas pudessem viver isso, seriam emocionalmente mais felizes, pois, seguramente, andariam mais livres e com gratidão pelo tempo que caminharam juntas.

Depois de conversarmos por mais de duas horas, levantei-me para ir embora. Fomos para fora do café e sabíamos que talvez ali guardássemos a lembrança de um último beijo de despedida. Mas será que esse beijo aconteceu?

Naquele exato momento, um homem que vendia flores nos restaurantes da cidade se aproximou de nós e olhando para o meu ex-namorado, sugeriu: "Compre essa flor para ela!". Antes que ele tivesse tempo de responder, eu disse: "Não, obrigada! Somos apenas amigos". Mesmo com os dois desejando, essa resposta definiu que o iminente beijo de despedida não iria acontecer.

Minha torre de racionalidade governou o sentimento, mesmo que por muito tempo depois eu ficasse me questionando por que não decidi aproveitar aquele último momento, mas acho que essa história acabou tendo o mesmo desfecho dos romances à moda antiga, que terminam da forma mais honrosa possível, contrariando todas as outras formas de finalizar uma história nos dias atuais.

Trocamos mais algumas palavras, até que chegou a hora de se despedir. Nos abraçamos com muito carinho, e aquele abraço durou vários minutos. Um abraço com muito sentimento e consideração envolvidos. Palavras não precisavam ser ditas porque o sentimento era claro: gratidão. "Muito obrigada por fazer parte desses anos da minha história", "Você foi importante para mim", "Simplesmente obrigada por me escolher e por caminharmos juntos por um tempo".

Aquele dia foi importante para os dois. Nos dias que se seguiram, lembro-me de, ao ir embora de ônibus com o pessoal da faculdade, repassar essa mesma história mil vezes na minha mente, enquanto via os pingos de chuva baterem na janela.

Para mim, aquela era uma reflexão elaborativa entre o silêncio e a saudade, e mal eu imaginava as surpresas boas que a vida ia me reservar após a confirmação daquele perdão sincero e libertador, surpresas essas que cito no próximo capítulo.

Essas despedidas são necessárias. Elas resgatam afeto e reativam memórias. Elas explicam o que John Gottman quis dizer ao afirmar que o tratar do seu coração com a pessoa que o machucou prepara você para uma nova fase de sua vida.

Reparar a ação é algo tão libertador quanto autorizar que sua vida tenha um recomeço carregado de paz. Que o orgulho de nossas almas não nos impeça de viver momentos tão lindos como esses.

Reflexões

1. Ao ter sofrido qualquer tipo de decepção na vida, você buscou finalizar seus processos ou escolheu fingir que tudo estava bem?

2. Mesmo que a pessoa envolvida não tenha tido uma reação de reparação, de que forma você contribuiu para que suas emoções não ficassem travadas? Ficou apenas quieto deixando as coisas acontecerem?

3. Que efeitos libertadores uma conversa pode ter na vida de duas pessoas que tinham um relacionamento próximo?

4. Quem é você sem seus medos?

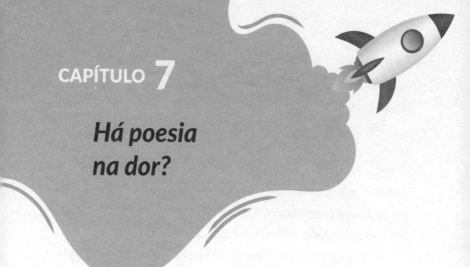

CAPÍTULO 7

Há poesia na dor?

Uma conversa libertadora de perdão fez que toda a atmosfera espiritual se movesse no sentido de fazer que novas bençãos chegassem até mim. Como já citei, aquele relacionamento durou três anos e meio, e terminamos no último ano da faculdade.

Eu fiquei sozinha por nove meses e, nesse período, eu observava um rapaz que sempre me chamou atenção. Antes, porém, eu queria ter certeza de que minhas feridas do relacionamento anterior tinham sido tratadas para que nada respingasse no meu próximo relacionamento.

Eu tinha apenas 21 anos quando, na reta final da faculdade, recebi a ligação desse rapaz me convidando para jantar. Depois de alguns acontecimentos que, se eu contasse aqui, fugiria da temática central do livro, comecei a namorar meu esposo, Adriano. Essa parte da minha história é algo tão diferenciado, que ficará para um próximo momento, mas de uma coisa eu tive certeza: Deus frustra nossos sonhos inferiores para que os sonhos superiores dele possam acontecer em nossa vida.

Deus já havia curado a parte comportamental; a identidade também já tinha sido restaurada e a dor foi acomodada. A vida já tinha seguido e, realmente, tudo se fez novo. O relato que descrevo agora é o ponto alto deste livro, pois é aqui que acontece a minha primeira experiência sobrenatural com Deus e que pode ajudar igualmente a curar as suas emoções.

Ter outra pessoa em nossa vida é um indicativo de alegria, mas a cura profunda da alma, de dissolver a dor e transformá-la em poesia aconteceu em um dia inesquecível, em um evento que participei no estádio da minha cidade.

Adriano e eu já namorávamos há algum tempo quando soubemos que um grupo de cantores estaria regendo um congresso. Estivemos naquele encontro na sexta e no sábado, mas foi na manhã de domingo, o último dia, que o Adriano me ligou bem cedo e disse:

— Vamos lá para o encontro, Kazinha! Eu passo aí para buscar você.

Eu praticamente idolatrava a minha cama, e levantar cedo em pleno domingo seria algo bem difícil para mim. Perguntei a ele se não queria ficar em casa naquele dia, pois os outros já tinham sido fantásticos e, para mim, aquilo já bastava.

(Sempre penso que se eu não tivesse ido, não teria tido a oportunidade de receber aquele presente de Deus, vindo da forma que veio, e, até hoje, quando sinto preguiça de ir à igreja, eu me lembro daquele que foi um dia não planejado e vou.)

Como ele não se deu por satisfeito, lá estávamos nós! A ministração começou pouco tempo depois que chegamos, e fomos envolvidos por um momento aparentemente comum de louvor e adoração. De repente, algo aconteceu: eu fechei meus olhos e entrei em um estado de espírito que só quem já viveu isso sabe reconhecer. Alguns podem duvidar; outros, acreditar, mas eu e Adriano sabemos o que aconteceu naquele dia.

Fechei meus olhos e não sei dizer se aquela experiência durou cinco minutos ou uma hora. Adriano diz que foi mais ou menos quarenta minutos. Eu me vi deitada como se estivesse em posição fetal. Olhei para cima e vi uma mão gigantesca, que tinha um perfume sem igual, vindo até mim e que me levou até um berço quentinho e aconchegante, amarelo nas extremidades e de madeira arqueada e branca no meio. Mais tarde, vim saber, pela minha mãe, que aquele era o berço da minha infância.

Naquela mesma atmosfera perfumada, eu ouvi uma voz serena, calma e amorosa, que disse claramente para mim:

— Hoje eu tiro de você um coração de pedra e dou um coração de carne para você.

Essa voz não era de ninguém que estava naquele lugar. Era uma voz que eu nunca tinha ouvido antes. Eu não sofro de delírio persecutório e tenho minhas faculdades mentais preservadas o suficiente para dizer que aquilo que eu estava vivendo era a minha primeira experiência sobrenatural. Tão sobrenatural que eu não conhecia nada da Bíblia, exceto o salmo 91, até aquele momento.

Aquela foi a primeira vez na vida que eu ouvi a expressão: "Tiro o coração de pedra e dou um coração de carne". Somente oito anos depois fui saber que isso vinha de um versículo bíblico do livro de Ezequiel. Minha racionalidade já tinha sido testada ao comprovar que aquela experiência foi um presente exclusivo para mim. Foi algo que Deus escolheu para me dizer: "Registre essa data... a data de hoje. Você já passou por todos os estágios do processo da dor e este é o último. Hoje foi o dia escolhido para que houvesse uma liberação completa de cura que chegará até você, porque aqui está a camada mais profunda".

Eu não entendia direito o que aquilo significava naquele momento, só sei que o meu coração começou a bater diferente. De algum modo inexplicável, algo aconteceu. Eu voltei a acreditar no amor, na vida, na confiança entre duas pessoas. Um coração machucado e de pedra tinha sido trocado por um coração de criança, que sente, que recebe e que começa outra vez. Ele não estava mais craquelado, nem petrificado... Ele tinha voltado a ser um coração que sentia e não agia com ar de indiferença.

Deus havia arrancado de tal forma o meu "coração de pedra" e me devolvido integralmente meu "coração de carne", que me sentia praticamente autorizada a me entregar emocionalmente para outra pessoa e com todos os créditos de amar novamente, sem medo algum. Eu, agora, tinha um coração capaz de confiar. Um coração puro que sentia vida dentro de um berço, que está protegido e não teme, que é afofado e acalorado por algo superior.

Naquele lugar, o medo não chega e as desconfianças não fazem mais parte. Lá, meu coração de pedra, que racionaliza, que faz cálculos, que analisa tudo à sua volta, foi trocado por um coração de entrega e de alegria. Aquela dor cinza e sem poesia foi trocada por um coração no qual as veias voltam a pulsar. Eu ainda sinto o bater novo daquele coração. Sinto o som, o toque e o cheiro.

Aquela dor cinza e sem poesia foi trocada por um coração no qual as veias voltam a pulsar.

Eu não queria mais abrir meus olhos. Queria apenas ficar naquele estado para sempre. Passado o êxtase daquela experiência, senti, com muita suavidade, Adriano me tocar no braço e dizer:

— Amor, você já pode abrir os olhos.

Mas eu não queria. Eu estava sentindo um cheiro tão bom que nenhum perfume me causou aquela sensação. Eu tentava descobrir de onde vinha aquele cheiro, achando que poderia ser de alguma pessoa que estava naquele estádio, mas, ao abrir meus olhos, o evento já tinha acabado e grande maioria das pessoas já tinha ido embora. Então, perguntei:

— Você está sentindo esse cheiro? Ele é maravilhoso demais.

— Cheiro de quê? Eu não estou sentindo cheiro de nada.

— Esse cheiro é muito bom. Eu quero sentir mais. É um perfume... Alguém me tocou e me levou para um berço.

Aquele cheiro ficou em mim por um bom tempo. Mesmo depois de sair do estádio, eu ainda podia senti-lo. Fui almoçar e o cheiro ainda estava lá, me acompanhando por onde eu fosse. Ele não estava somente no lugar físico que foi o evento.

Para mim, aquela foi a comprovação de que a experiência que vivi foi sobrenatural. Ninguém sente o mesmo cheiro em três ambientes diferentes: dentro do local, fora do local e dentro de casa; ou seja, eu não estava maluca.

Algo igualmente extraordinário aconteceu antes de eu sair daquele lugar. Eu estava quase chegando na porta de saída e uma criança veio até mim, junto com um homem moreno. Ela me parou, me deu uma pulseira de miçanga azul e me disse:

— Tia, você vai influenciar muitos jovens.

— Quem, eu?

Há poesia na dor?

— Sim, você. Esta pulseira é para você se lembrar disso.
— E me entregou.
— Como é seu nome? — perguntei abaixando-me à altura dela.
— Meu nome é Vitória.
— É mesmo, Vitória?
(Dentro de mim, eu ri igual Sara quando, desconfiada, soube que ia ter filhos. A meu ver, aquilo era pouquíssimo provável, porque eu detestava atender jovens. Hoje, passados 20 anos, sei que Deus muda o nosso coração, e ouvir os jovens é, hoje, uma das coisas que eu amor fazer.)

Por alguns instantes, aquela menina e aquele homem sumiram. Eu não sei se eles eram reais ou imaginários, só sei que a pulseira comprova que aquela conversa não foi coisa da minha cabeça. Já pedi várias vezes para o Adriano me contar novamente como foi aquele dia, para me certificar de que eu não havia fantasiado as situações, mas quando Deus cura, não existe ex-cura.

Voltando ao presente e revivendo esse dia em minha mente, sinto que este livro faz parte desse propósito, contendo essa história que é real. Após duas décadas, meu coração foi regado e nutrido por mil experiências dentro da clínica. Eu aprendi sobre a Palavra que liberta, conheci um Deus que muda corações, me casei, construí uma família e tenho orgulho em dizer que tenho três filhas que foram esperadas e planejadas.

Hoje vejo homens e mulheres feridos, rapazes e moças com manchinhas no coração e sim, hoje sinto-me preparada para viver esse tempo quando passei a amar o coração dos jovens. Hoje eu amo ter um coração que pode ser enganado, porque não posso fugir de quem sou. Mas acima de tudo isso, eu sei que fui curada por Deus e sei que somente ele pode nos devolver um coração de carne quando o nosso se torna um coração de pedra.

Se você ainda não viveu algo sobrenatural, peça que Deus permita que você sinta seu coração mudando do estado de pedra, tirando todas as craquelas, para um estado pulsante de vida. Nem sempre você viverá algo atípico, mas vale a pena pedir que seu coração receba novas "vitaminas".

Quando esse dia chegar para você, a pergunta inicial deste capítulo será respondida: Sim, há poesia na dor, mas ela depende do seu nível de cura. Se a ferida ainda machuca, não conseguimos ver essa poesia, mas se o processo da cura já foi realizado em nós, a própria dor se torna uma poesia.

> Darei a vocês um novo coração e porei um espírito novo em vocês; tirarei de vocês o coração de pedra e, em troca, darei um coração de carne.
> Porei o meu Espírito em vocês e os levarei a agir segundo os meus decretos e a obedecer fielmente às minhas leis.
> (Ezequiel 36.26,27)

Reflexões

1. Você já teve uma experiência sobrenatural com Deus?

2. Você já se sentiu curado de uma mágoa, a ponto de não ter medo de se relacionar por receio de sofrer?

3. Você já foi em um lugar que não gostaria de ir e ao chegar se surpreendeu de maneira tão positiva que aquilo marcou sua vida?

CAPÍTULO 8

Explicando o trauma de forma neurocientífica e psicológica

O que ocorre no cérebro quando você trata suas emoções? No livro *Mude de cérebro, mude de vida*, do dr. Daniel Amen, há um demonstrativo claro de como fica um cérebro "antes" e "depois" de um trauma bem trabalhado.

Fonte: AMEN, Daniel G. **Mude de Cérebro, Mude de Vida**: um método revolucionário para ultrapassar a depressão, a ansiedade e o comportamento compulsivo. São Paulo: Editora Mercúryo, 2005.

A imagem da esquerda retrata o cérebro de uma pessoa antes de passar por um tratamento psicoterapêutico de EMDR *(Eyes moviment dessensitization and reprocessing)* e, à direita, temos o mesmo cérebro, que acalmou após o trauma ter sido tratado, com apenas 4 sessões. Com isso, o sistema límbico, região que recebe as emoções, é inteiramente liberado a voltar a funcionar com naturalidade após um tratamento.

Toda vez que destrava um trauma emocional em sua mente, você precisa trabalhar com elementos como sons, cheiros e imagens. Se eu fosse fazer uma análise neurocientífica da minha experiência, diria que a sensação do perfume e o sussurro da voz foram dois elementos que possivelmente tiveram reflexo em minhas emoções.

Ao entender os traumas, conseguimos aceitar porque muitas pessoas não gostam de determinados alimentos ou de certos cheiros. Se um trauma fica associado a um momento difícil, é comum evitar ter contato com o objeto causador.

Outro fator que posso explorar como um dado de importância racional é a visão do berço, que transmite segurança e afeto. Aquela experiência me levou a encontrar um lugar seguro na minha mente, para onde sempre me dirijo quando algo me incomoda.

O berço é o primeiro lugar onde aprendemos a nos relacionar. É lá que aprendemos o que é contato visual, o que é sentir o toque, o calor, sentir o carinho e o cheiro da mãe. É lá que a gente olha, observa, chora e sorri. É lá no berço que, apesar de cansados, pais e mães desejosos de voltar a dormir são instigados a ficar ao olhar para um bebê dando gargalhadas em plena madrugada. O bebê sorri com sua pureza, e o movimento de suas perninhas e bracinhos são prova disso. Estar em um berço é você sentir o calor do tecido, sentir-se afofado em uma cama envolta de algodão. É entrar em contato com a segurança e a proteção que toda pessoa precisa para continuar sua caminhada.

Pureza é uma palavra que, embora não esteja na moda, representa a porta pela qual todos nós temos saudades de passar. Nossa alma é como a de um bebê recém-amamentado pela mãe. Assim como ele, desejamos ser nutridos pelo pai e aspiramos ser aquietados por sua presença, que nos diz suavemente: "Tudo vai ficar bem".

> De fato, acalmei e tranquilizei a minha alma.
> Sou como uma criança recém-amamentada por sua mãe;
> a minha alma é como essa criança nos braços de sua mãe,
> Como essa criança é a minha alma para comigo.
> (Salmos 131.2)

Todas as técnicas da psicologia nos dias atuais, ao trabalharem os traumas, fazem exatamente o que aconteceu comigo naquele dia: utilizam os cinco sentidos e trazem afeto para destravar as memórias traumáticas. Mas posso dizer como pessoa (e não como psicóloga), que nenhuma dessas experiências é melhor do que sentir algo semelhante com Deus, pois eu creio que a presença dele em nossas vidas pode realmente mudar nosso cérebro.

Até hoje, quando sinto minhas filhas angustiadas com algo, eu apenas me deito com elas, coloco-as em meu peito, afofo o rostinho delas no meu hobby felpudo e deixo elas sentirem o calor e a segurança de terem uma mãe e um pai junto com elas.

Voltar a ter um coração de carne não significa ser bobo ou inocente. A Palavra de Deus deixa muito claro que precisamos ser "astutos como as serpentes e sem malícia como as pombas" (Mateus 10.16). Quando voltamos ao nosso coração de carne e deixamos o craquelado de lado, nos sentimos livres para amar e não temos medo de acreditar novamente no ser humano.

Um coração machucado não ouve, não absorve elogios e nem críticas; ele só se protege. Resgatar a pureza representa ser alguém maduro, mas guardando o coração para que ele não seja entregue a qualquer pessoa que aparecer na vida.

Quando não sentimos o afeto das figuras paternas ou das pessoas ao nosso redor, o cérebro aciona um código que faz você aprender a lidar com aquela situação. Se, por exemplo, um pai bebe e rejeita sua família, é possível que sua filha adulta tenha tendências de se apaixonar por pessoas que a deixem em segundo lugar. Se filhos de outra família percebem que um pai é ausente em intimidade, esse código mental fica registrado no mapa emocional da pessoa, e, quando a pessoa percebe, sente-se atraída por alguém que não lhe dá atenção.

Esses códigos precisam ser tratados para serem desmontados pela pessoa, pois, do contrário, ela os manterá em funcionamento por toda a vida, o que responde à minha pergunta inicial do livro: Se todos querem ser felizes no amor, por que muitos não são?

Há, contudo, uma diferença: a cura do cérebro é informativa, mas a cura do coração é realmente duradoura. Para amparar essa ideia, Voltemos à nossa metáfora base, o exemplo da queda das Torres Gêmeas. Eu estudei nos EUA por um tempo e visitei Nova York logo após as fronteiras se abrirem depois do evento do Onze de Setembro.

Resgatar a pureza representa ser alguém maduro, mas guardando o coração para que ele não seja entregue a qualquer pessoa que aparecer na vida.

Naquele momento, os escombros do evento ainda estavam lá e a atmosfera de vazio e dor era sentida em todo ambiente novaiorquino.

Bem em frente às torres, havia corpo de bombeiros, e, ao lado, uma exposição improvisada, contendo roupas dos bombeiros que foram mortos, botas desgastadas pelo fogo, bilhetes com registros daquele dia, e, entre tantos objetos expostos, havia a imagem de alguém que fez um "coração de pedra" rachado no meio, representando toda a dor do coração do novaiorquino, referindo-se àquela ação violenta.

Foto tirada por mim, em frente ao antigo local das Torres, já desabadas, no memorial do corpo de bombeiros de Nova York.

Essa era a mais legítima impressão do que tinha ficado com todas aquelas 3 mil mortes. Os registros do trauma foram sentidos até muito tempo depois, como problemas pulmonares que a população teve e quesão expressos até hoje. Como comprovação do trauma social que viveram, o controle de natalidade de bebês do sexo masculino foi reduzido significativamente após o ataque, o que é justificado pelo alto índice de ansiedade e estresse que aquelas mães tiveram. Esse estudo

Explicando o trauma de forma neurocientífica e psicológica

foi realizado pelo Instituto Nacional de Medicina dos EUA, que avaliou mais de 700 mil nascimentos em Nova York entre janeiro de 1996 e junho de 2002, justificando que o trauma do ataque interferiu até mesmo na epigenética, a ponto de haver uma perda desproporcional de fetos do sexo masculino.

Logo após a minha visita a essa exposição, dirigi-me ao lugar que ficava o metrô, embaixo das torres, e, caminhando por lá, algo me fez chorar só de ver, com meus próprios olhos, o registro da dor de filhos que tinham perdido seus pais. Eram folhas sulfite com desenhos feitos por eles, homenageando seus pais e mães já falecidos.

Dentre as imagens que estavam ali, uma delas retratava exatamente o que acontece conosco quando somos ligeiramente machucados. Nosso coração pulsa vermelho por dentro e sente tudo o que acontece ao nosso redor. No entanto, a dor faz que ele fique preto por fora, ou seja, o coração vai petrificando, acionando uma falsa apatia ou algo que se confunde com o "não sentir". Mas não existe o "não sentir". O que existe é a falsa ideia de autoproteção.

Retrato tirado por mim do desenho de uma criança que perdeu o pai no ataque de Onze de Setembro, exposto na parte interna da zona de metrô de Nova York.

77

Um filho desenhou o coração vermelho escrito "Eu amo meu papai", mas o contornou com tinta preta, indicando a dor de um coração fechado.

Como tirar o coração de pedra e devolver o coração de carne, segundo a outra imagem? Eu creio que Deus é quem faz isso, quando pedimos que o Espírito nos restaure.

Como encontrar pureza, no meio dos tijolos frios e cinzentos de uma ruptura?

Imagine sua própria foto de quando era criança e visualize todas as suas características contendo nela. Essa criança representa você na versão mais pura!

Pode passar dias, mas essa pureza há de ser devolvida a você, pois ela não pode ser maior do que as imagens de outras pessoas que feriram você e que roubaram sua identidade. Sua pureza não pode ser roubada, a não ser que você autorize. Portanto, conserve a sua pureza para aguentar os sofrimentos que a vida nos reserva.

Isso não se refere apenas a traumas afetivos, mas a todos os traumas que sofremos na vida, grandes ou pequenos, sejam eles com amigos, familiares ou com situações inesperadas e envolvendo injustiça. Quando perceber que não está sentindo nada, que está indiferente aos sentimentos, revise suas emoções, pois pode ser que algum trauma esteja impedindo o seu avanço. Você deseja que suas sinapses emocionais voltem a funcionar como se fossem fogos de artifício em um dia de comemoração? Então, peça a Deus que ele resgate sua pureza e seu coração de carne.

Guarde o seu coração, porque dele procede toda sua fonte de vida. Preservar suas emoções poupa você de dores futuras. Não se esqueça de que você foi criado(a) para fins honrosos, não desonrosos, e Deus fez você para ser um vaso útil nas mãos dele.

Convide aquela criança que carrega o ursinho da inocência para caminhar ao seu lado sem a vergonha de ser feliz e diga-lhe palavras de acolhimento.

A dor compensa quando carrega consigo vantagens ocultas. Não é novidade que o coração é o único órgão no corpo que não tem câncer, porque ele sempre se doa, ele recebe e distribui, ele gera vida e não retém para si mesmo. Fico imaginando a beleza que não deve ser vê-lo pulsar, fazendo aquele barulhinho compassado, distribuindo vida, levando sangue ao corpo, trazendo e levando vitaminas.

É para essa finalidade que somos feitos: fomos desenhados para ter um coração que pulsa, que distribui, que se doa igual a quando éramos crianças, e que se alguém vem e nos machuca, no outro dia está tudo bem e recomeçamos.

Não imagino uma pessoa curada e ainda tendo um coração de pedra. Se você ainda estiver assim ao chegar ao final deste livro, peça a Deus que quebrante o seu coração, que liberte-o da dureza e que ele volte a ser de carne.

Desejo que você possa sentir as batidas do seu coração voltando a pulsar, que possa rir, chorar e até mesmo sofrer, mas você sofrerá porque está vivo. Não há nada mais medíocre do que um viver "sem sentir nada", em que o maior objetivo é cuidar para não se machucar.

Identifique suas veias entupidas e desobstrua tudo o que fica sem oxigênio: excesso do uso do celular, pouco sono, alimentação descontrolada (desconsidere fatores de saúde ou questões hormonais), excesso de bebida ou entorpecentes sociais que impedem você de entrar em contato com suas emoções ou consigo mesmo. Destine tempo de sua vida para pensar, durma elaborando emoções e recomece. Se cair, levante-se e dê o direito ao outro de magoar você, mas como rainha ou rei, você irá nobremente se recuperar.

Você vai sentir um coração pulsando outra vez. Um coração que vibra e que pode ser qualquer coisa, menos um coração de pedra ou craquelado. Quando aceitamos quem somos e não temos medo de parecer bobos ou ridículos; quando não temos as críticas e assumimos nossa verdadeira identidade, isso contagia quem nos cerca e inspira quem nos assiste, mesmo que seja demonstrado apenas por olhares silenciosos.

Se a dor é grande, primeiramente enfaixe suas feridas, fortaleça-se quando sentir-se fraco e busque a cura quando se sentir emocionalmente doente. Não tenha medo da dor, porque quando me dispus a não colocar anestésicos nas minhas feridas e a trabalhar minhas dores sem buscar coisas que me aliviavam, fui verdadeiramente tratada.

Reflexões

1. Você já se sentiu com o coração petrificado a ponto de nenhum elogio entrar e nenhuma crítica ser considerada?

2. Ao olhar uma imagem de sua infância, que características naturais transmite sobre você?

3. Você consegue perceber ambientes onde as pessoas são mais frias e outros mais calorosas? Já parou para pensar que ambientes mais frios são de pessoas mais feridas e lugares mais calorosos revelam pessoas mais curadas?

4. Que sinais você percebe que ainda existem em você que precisam de transformação?

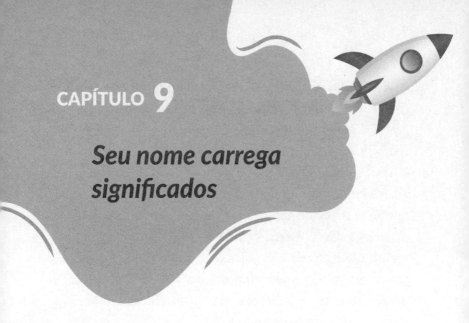

CAPÍTULO 9

Seu nome carrega significados

Minha filha caçula teve uma atividade na escola que falava sobre cada um fazer sua própria assinatura. O nome dela é Ana Vitória Rizzardi Pereira e ela, querendo acertar, mas sem saber qual seria a "assinatura" dela, escreveu: "KR". Ao me contar essa história, ela disse: "Mamãe, eu escrevi KR, igual a você. Escrevi as iniciais do seu nome, porque não sei qual é a minha assinatura". Eu ri ao saber disso, e creio que fazemos exatamente a mesma coisa quando ainda não sabemos quem somos: assumimos a identidade de outras pessoas, nos apropriamos de características que não têm nada a ver conosco, falamos ou nos vestimos de um modo que não costumamos e nos comportamos tal qual os *influencers* das redes sociais, que têm muitos *likes*, seguidores e popularidade, mas é preciso muita coragem para assumir nossa verdadeira identidade.

Fui entender o quanto nossa identidade tem valor inestimável associado ao nosso nome quando, na época em que eu e Adriano ainda éramos namorados, eu fui, aos poucos, compreendendo que aquele relacionamento também seria um processo para mim. No início do namoro, eu desconfiava de todos os elogios que ele fazia a meu respeito e dizia, no meu íntimo, que aquilo não era verdade. Quando ele disse que me amava, eu não consegui acreditar, porque o coração de pedra que até então eu tinha não me permitia enxergar a verdade daquelas palavras e fazia que meus mecanismos de autoproteção fossem ativados. A única coisa que eu sabia é que estávamos fazendo de tudo para ter uma vida bem planejada, e nesse processo descobrimos um curso chamado "Veredas Antigas", da Universidade da Família.

Ao final daquele curso, nós recebemos um papel com o significado do nome de cada pessoa. Junto com ele vinha um versículo, para dar um sentido bíblico àquele significado. Fazer esse curso antes de me casar foi um grande preparo para mim; eu só não sabia que minha vida teria um novo rumo a partir do momento que eu entendi claramente o significado do meu nome.

Karine significa "inocência", "pureza". *Pureza* e *inocência* são duas palavras que estão fora de moda hoje em dia, e entendo que foi por causa disso que sofri uma traição no namoro anterior. Eu pensava que preservar minhas emoções era importante, e que o respeito à pureza era algo inestimável. Acontece que eu não ouvia as pessoas elogiarem essa característica na minha juventude e muito menos no mundo atual.

Uma pessoa "pura" ou "inocente" era, no mínimo, confundida com alguém que acredita em tudo o que os outros falam, ou alguém que não tem malícia para ver o lado ruim dos outros, como se a esperteza fosse mais nobre do que agir de forma pura. Mas quer saber? Pode ser que seja isso mesmo, mas eu levei muitos anos para entender que não preciso me forçar a ser aquilo que não sou.

> Mas, a sabedoria que vem do alto é
> *ANTES DE TUDO PURA*;
> depois, pacífica, amável, compreensiva,
> cheia de misericórdia e de bons frutos,
> imparcial e sincera.
> (Tiago 3.17)

Você sabia que todos os nomes carregam um peso e uma mensagem subliminar? Eu poderia ficar horas e mais horas tecendo teorias sobre isso, e garanto que esses significados de nome que encontramos por aí na internet nem sempre são verdadeiros.

Esse assunto é tão importante que o próprio livro de Apocalipse diz que ganharemos um novo nome no céu. Outra prova clara de que nomes carregam significados são os vários relatos bíblicos de pessoas que tinham um nome e, à medida que o coração deles mudava — ou seja, saíam do coração de pedra e voltavam ao coração de carne —, o próprio Deus mudava o nome deles. Eis aqui alguns exemplos:

- Abrão (significa "Pai grande") passou a se chamar Abraão ("Pai de muitas nações");
- Jacó ("Enganador") passou a se chamar Israel ("Príncipe de Deus", "vencedor");
- Simão ("Inconstante") passou a se chamar Pedro ("Rocha firme");
- Saulo ("O Grande") passou a se chamar Paulo ("O Pequeno").

Nós nascemos de um jeito, mas conforme adquirimos maturidade, vamos sendo transformados naquilo que Deus teceu sobre nós. Quando seu nome é compatível com os seus propósitos, você adquire autoridade. Você sai da condição de *tecknon*, termo grego que significa "filho pequeno", para a condição de *yios*, que significa "filho maduro".

Quando sofremos um trauma e reagimos de forma madura, no sentido de elaboração emocional, somos promovidos a uma vida com mais autoridade no meio em que estamos.

Isso, contudo, é um treino.

Nossas torres podem cair, tanto a da "razão" quanto da "emoção"; mas, apesar do vazio que ficou da estrutura, é hora de se levantar, sacudir a poeira e recobrar as forças. Sempre há espaço para novos começos.

Quando ainda nos mantemos como um *technon*, ou seja, um filho pequeno, passamos a ser iguais ao peixe que existia em nossa casa — ele tinha três nomes diferentes. Por alguma razão, nenhum nome ficou marcado na identidade do peixe.

Quando somos invadidos por barulhos externos, sem saber qual é a nossa verdadeira identidade, acabamos por adotar a identidade dos outros. No entanto, quando um coração é transformado, nossos nomes ganham um novo sentido.

Ao escrever este livro, eu estava com todo conteúdo escrito, mas não havia um nome. O primeiro nome do qual eu gostei, a editora me passou que não seria apropriado. Em conversas e mais conversas com a Gisele Romão, editora-chefe, foram surgindo diversas opções, mas nenhuma delas encaixava completamente.

Eu sabia que nomes carregam significados. Isso não se restringe aos nomes de pessoas, nem de músicas, mas estende-se a estabelecimentos comerciais e até a nomes de livros. Eles possuem alto valor de representatividade. Eu não queria um nome com inclinação a uma mensagem negativa e também não aprecio nomes do senso comum. Eu queria algo que tivesse a minha identidade, e eu gosto muito de metáforas.

Eu tinha apenas dois dias para decidir e sempre vou lembrar que um deles caiu no dia do meu aniversário de casamento. Fomos comemorar em um restaurante e a conversa circulou em torno de que nome este livro poderia ter (igual ao nome de um filho). Foram risadas e mais risadas de nomes bregas, engraçados, títulos desconexos, sérios, sem graça, mas a ideia não vinha.

Foi no café de um sábado, lendo a palavra de Deus, que cheguei em Provérbios 31, que dizia que a mulher virtuosa sorri diante do futuro. Chamou-me atenção as palavras "sorrir e futuro". Comentei com meu esposo para pedir opinião dele quando, em seguida, ele me disse: "Foguete não tem ré".

— É isso.... gostei do nome. Você traduziu o que estava no meu pensamento — respondi.

Ele encontrou um lugar no meu coração. Mandei rapidamente uma mensagem para a editora-chefe e ela ressalta: "Gostei também" e assim seguimos.

Nomes precisam ganhar vida dentro de nós. Eles nos representam.

Não se trata, porém, de uma identidade que é sua, mas da identidade que Deus escolheu para você. Um nome que Deus quis que você tivesse. Talvez, hoje, isso tudo pareça confuso, mas, com o tempo, todas essas coisas lhe serão claras. Mesmo que sua história não pareça atraente aos seus próprios olhos, ela seguramente tem algo previamente arquitetado pelo Pai.

Você tem um nome, uma identidade. Mas o que esse nome significa? Vá atrás, se informe, e mesmo que a sua vida seja como a de Jabez, que tinha um nome com significado negativo desde o seu nascimento, Deus poderá alargar suas fronteiras e transformar a sua história em algo digno de confiança (1Crônicas 4.9).

Reflexões

1. Qual é o real significado do seu nome?
2. Você tem conhecimento do por que seus pais escolheram esse nome e como foi esse processo?
3. O que essa história tem a ver com você?

CAPÍTULO 10

É hora de se reerguer

Certamente você já viveu na pele o vazio de uma perda. Perda de um brinquedo, de um animal de estimação, perda de uma pessoa ou até mesmo de trabalho. Com as perdas a gente cresce e se levanta.

As dores do coração são mais doídas, pois nascemos com ele de carne, molinho. Contudo, após o impacto de um evento emocional, o coração endurece. Mesmo assim, você entende que independentemente das circunstâncias, suas emoções precisam voltar à sua condição original, à sua essência. Você já sabe que precisa resgatar o significado do seu nome e não deixar que a sua criança interior perca o brilho.

Ao longo da leitura deste livro, você também percebeu que a dor, quando não resolvida, gera comportamentos autodestrutivos e, como consequência, adquirimos vícios, ansiedades, depressão e uma série de outros problemas que surgem da árvore do medo, de Caroline Leaf.

Agora é hora de se reerguer, de voltar a ter ao coração de carne e resgatar os seus sonhos. Vamos para a pergunta-chave deste livro: Quais são as etapas de superação?

Enquanto eu pensava sobre esses passos, senti Deus me guiando gentilmente para a história de Neemias, quando ele foi usado para reconstruir os muros caídos de Jerusalém. Trazendo essa história para a nossa realidade, seria algo semelhante ao evento da queda das Torres Gêmeas, no Onze de Setembro.

Tudo já caiu, os escombros já foram retirados, a fase de reestruturação foi iniciada, os preparativos para a nova estrutura já tiveram início. Após todas essas etapas cumpridas, eis que surge uma nova edificação, mais forte e mais estruturada. As memórias foram soterradas e agora é preciso olhar para aquilo que está adiante.

Estudando o livro de Neemias de forma minuciosa, vemos que ele nos dá orientações claras sobre onde o nosso olhar deve estar. E a boa notícia é que ele vai além da superação, pois nos leva para um futuro de inúmeras outras possibilidades.

Vejamos como isso se dá:

Passo 1
A "reparação" é o primeiro passo para retomar a vida

Não importa se você foi injustiçado ou abandonado. Nos capítulos anteriores, vimos sobre a importância de ver seus atos reparados, pois é a porta de entrada para que você possa "andar de chinelo" com suas emoções reestabelecidas. Eu amo chinelo, porque ele indica liberdade.

No capítulo 3 do livro de Neemias, a palavra "reparação" aparece 26 vezes. Este não é um simples dado informativo, não é por acaso que um único capítulo tenha 26 registros de uma palavra usada para indicar a importância de "consertar algo". Um buraco foi aberto na alma, mas ele precisa fechar. Quando uma dor for acionada, não importa se passou pouco ou muito tempo. Nunca perca a oportunidade de fazer o "ato de reparação". Muitas vezes, você não terá que reparar apenas uma vez essa dor... Ela pode vir e melhorar, voltar não só uma, mas duas ou até vinte e seis vezes, quem sabe até mais!

Para ilustrar, vou contar uma história que aconteceu comigo.

Eu já era casada há pouco mais de um ano, quando meu esposo recebeu uma ligação em uma segunda-feira pela manhã. Ao meio-dia, quando foi me buscar no trabalho para almoçarmos juntos, ele disse algo que me deixou desorientada.

— Vamos ter visita hoje à noite.

— É mesmo? De quem?

De forma serena e tranquila, ele respondeu:

— Seu ex-namorado quer falar conosco.

Embora a minha expressão não tivesse alterado, por dentro eu fiquei confusa e sem reação. Aquela tarde demorou milhares de anos para passar, e justamente naquela noite eu chegaria em casa um pouco mais tarde porque tinha de fazer terapia de grupo para pessoas obesas.

A noite chegou e, assim que abri a porta para entrar em casa, vi o meu marido e o meu ex-namorado sentados juntos no mesmo sofá. Não conseguia acreditar que eu estava vivendo aquilo... Parecia uma história de filme americano. Eu não sabia ao certo como me comportar, e sentia que meu coração estava fora do compasso habitual.

A conversa entre eles parecia amistosa. Eu o cumprimentei e sentei-me ao lado do Adriano, meu esposo. Meu ex-namorado me perguntou como eu estava e eu só respondia o básico, sem muitas reações salutares. Enquanto conversávamos, eu olhava para aquela cena e ainda não conseguia acreditar que aquilo realmente estava acontecendo. De maneira geral, os finais de relacionamentos são trágicos e traumáticos. Mas naquele momento eu estava vivendo algo diferente e restaurador.

Depois de algum tempo, ele finalmente disse:

— Bem, o motivo de eu estar aqui é porque eu gostaria de pedir perdão por tudo o que eu fiz com você, Karine. Eu sei o tamanho do seu valor e também imagino o quanto devo ter feito você sofrer. Sei que você não mereceu. Diante do Adriano, quero me retratar e pedir perdão a você, pois sei que isso também vai ser importante para mim. Quero liberar minha vida da sua e não quero ficar com a sensação de dívida emocional.

Ele olhava nos meus olhos enquanto dizia aquilo, e o simples fato de eu ter ouvido aquelas palavras fez que a minha vida se libertasse e a dele também.

Ter ouvido ele dizer que sabe o tamanho do meu valor bateu na minha alma como se tivesse valido a pena toda a minha renúncia de prazeres imediatos. É como se eu tivesse acabado de receber um atestado do quanto vale você manter a sua opinião, mesmo quando você perde.

Naquele momento, eu me vi diante de dois cavalheiros: o meu marido, pela maturidade com a qual lidou com aquela situação, e o meu ex-namorado, pela nobre iniciativa de ter falado aquelas coisas na frente de nós dois. Ambos pareciam "homens modernos à moda antiga".

Por um instante, vi minha vida entrar em um compasso de calma, como se tudo fosse se encaixando na mais perfeita harmonia. Era como se a música encontrasse o tom perfeito, o dia tivesse um encontro de cores perfeito e como se a calma encontrasse seu lugar na minha alma. A atitude corajosa que ele teve foi libertadora para todos nós.

Muitas outras coisas foram ditas, além dessas que eu citei. Houve uma hora que os dois desceram para ver algo no motor do carro e eu fiquei ali, sentada, sem saber o que fazer. Eu não conseguia pensar em nada; tudo parecia acontecer em câmera lenta. Por fim, ele subiu novamente para se despedir e, com a porta de casa aberta, indo para o elevador, ele olhou para o Adriano e disse:

— Posso fazer uma pergunta?
— Sim, claro.
— Você realmente a ama?
— Sim, eu a amo muito.

Após alguns segundos em silêncio, nos despedimos e ele se foi. Eu nunca mais o vi desde aquele dia, e aquele "ato de reparação" fechou todas as brechas que ainda existiam na minha torre emocional.

Ter vivido a cura de Deus no estádio, ter descoberto o significado do meu nome, ter me arrependido de tudo o que eu fui e que não combinava comigo, ter tido a coragem de não ceder quando se acredita em algo; foi como passar uma massa corrida nas paredes da minha alma. Um filme passou na minha cabeça.

A nobre atitude do meu ex-namorado e a gratidão que eu senti por tê-lo visto expressar a admiração que sentia por eu não ter deixado de ser quem eu era quando não quis ter relações sexuais com ele, foi restaurador para mim.

Quando ouvimos tais palavras da boca de quem um dia nos feriu, essas palavras selam, por definitivo, a liberdade da alma. Não havia nada a ser curado. Eu passei pela cura espiritual, passei pela cura das minhas emoções e meu corpo se libertava de todo aquele histórico.

Eu realmente creio que, quando Deus cura, não existe "ex-cura". Não há mais medos, não há mais angústias. O cinza é trocado pela suavidade das cores vivas, e o vento do furacão se transforma em uma brisa suave que acaricia o rosto. Tudo havia terminado. *Tetelestai!*[2]

Naquela noite, quando fomos dormir, eu não conseguia dizer nada, até que o Adriano perguntou:

— O que está passando na sua mente?

Eu não sabia se poderia ser totalmente sincera ou se deveria dar uma resposta evasiva, mas como ele demonstrou tanta maturidade ao lidar com o meu ex-namorado, sem se sentir ameaçado ou inseguro, eu respondi:

— Estou pensando em tudo o que aconteceu. Obrigada por ter tido maturidade para lidar com esses fatos!

Ele me abraçou e disse que se pudesse, me colocaria dentro de uma caixinha para me proteger, e salientou: "Eu nunca deixarei você sozinha". Com um silêncio acolhedor, pegamos no sono.

Senti-me privilegiada por viver esse episódio tão peculiar, porque a cura foi horizontal e vertical, ou seja, foi minha

---

[2] Do hebraico: "Está consumado!".

com Deus (vertical) e minha com a pessoa com quem eu tive problemas (horizontal).

Para aqueles que desejam experimentar a cura de forma real e profunda, levar em conta essa horizontalidade e verticalidade é um bom ponto de partida. Se você tiver alguma pendência com qualquer pessoa ao seu redor, tome uma iniciativa de nobreza. Tenha atos de reparação e não sinta vergonha, porque, fazendo isso, você estará acumulando brasas vivas na sua cabeça e colocará o "chinelo" que permite que você ande nas águas da liberdade.

A coragem é contagiante!

Passo 2
Faça uma análise criteriosa de todas as raposas que roubaram aquilo que há de mais precioso em você

Você se lembra do capítulo das raposinhas aparentemente inofensivas, mas que destroem suas flores e frutas doces? Até sobre isso Neemias nos ensina, pois ele fala das raposas: "Basta que uma raposa suba lá, para que esse muro de pedras desabe" (Neemias 4.3).

A presença de uma única raposa pode acabar com o trabalho de toda uma vida! Isso significa o seguinte: quando você estiver se refazendo, não ligue para a oposição que se levantará, para as pessoas que cercarão você, porque o objetivo delas é causar confusão na sua mente e impedir que você se fortaleça.

Feche todas as brechas mentais de quando tentaram derrubar você, como crenças limitantes que dizem que você não consegue, que será sempre assim, que não há chances para recomeços. Coloque guardas na sua mente de dia e de noite e dedique-se a retirar todos os entulhos. Durante esse processo, saiba que você será atacado de todos os lados, até mesmo pelos seus amigos, por isso vai precisar proteger suas emoções.

Você vai se comparar com outras pessoas, mas não tenha medo e não se inferiorize. Lembre-se que quem se compara age sem entendimento. Em vez disso, faça como Neemias, que utilizava uma mão para reconstruir as partes quebradas enquanto a outra permanecia armada com lanças e escudos, para não baixar a guarda sobre quem tentasse desanimá-lo.

As raposas querem estragar seus frutos, seus sonhos, suas expectativas. Quando voltar a ser quem você era, mesmo que as pessoas critiquem, siga adiante, lembrando que foguete não tem ré – ele só vai para frente.

Passo 3
Suporte as injustiças

Eu sei que a vontade é de agir pela vingança, mas saiba que a sua ira não vai produzir a justiça de Deus. Isso quer dizer que, se você se meter em um trabalho que só Deus faz, que é de gerar arrependimento no outro, você impede que ele aja.

Não se preocupe! Nessa altura da dor, os escombros da sua alma já foram retirados, você já está quase refeito e para cada dia de vergonha, Deus dará a você dupla honra. Em Neemias 6, por várias vezes aparece a seguinte frase: "Já havia reconstruído o muro, não havia ficado mais nenhuma brecha, embora até então eu ainda não tivesse colocado as portas nos seus lugares" (Neemias 6.1).

Quando voltar a ser quem você era, mesmo que as pessoas critiquem, siga adiante, lembrando que foguete não tem ré — ele só vai para frente.

Nessa passagem, a palavra "porta" me chama a atenção. Tudo já estava sendo reconstruído, não havia mais rachaduras, mas as portas ainda não estavam em seus lugares. O que será que isso representa?

Portas são determinantes de limites. Elas definem quem entra e quem sai das nossas vidas.

Você também precisará colocar limites a respeito das pessoas que entram e saem da sua vida. Muitos tentarão intimidar você, mas fortaleça suas mãos e não pare. A obra já está no final, então, escolha bem as pessoas que você ouve e não se meta em confusão.

Passo 4
Nomeie pessoas para ajudar você a guardar suas emoções

Neemias 7.1 diz que, para que o muro da alma fosse reconstruído e as portas (limites) levantadas, era importante nomear porteiros, cantores e levitas. Traduzindo para a nossa atualidade, você deve eleger pessoas que o ajudem a agir com limites (porteiros), amigos para o ajudar a lembrar que vale a pena recomeçar e voltar a cantar (cantores) e pessoas que o ajudem a cuidar de você, do seu físico, da sua alma e do seu espírito (levitas).

Invista em pessoas que querem o seu bem e aproveite cada contribuição que eles podem dar a você. Reúna-se com pessoas nobres que ajudem você a manter suas convicções, ao invés de dar ouvidos a ideias modernas de desânimo ou descrença. Acredite nas condutas nobres e não se amolde aos padrões sem graça deste mundo moderno.

Passo 5
A dor acabou

Que alívio! A dor acabou e sua vida se refez!

Agora, respeite o seu tempo; não importa se, para as outras pessoas, isso vai demorar. A dor é subjetiva e a cura para ela também.

As pessoas vão duvidar, e por perceberem que você se levanta, alguns o criticarão. Não importa. Você sabe que Deus lutou essa causa com você, e, apesar de você ter se distanciado dele, ele não abandonou você.

Nesse momento, a Torre Norte da racionalidade volta a funcionar a pleno vapor e as emoções estão menos instáveis. O sol volta a aparecer e você já não acorda ou dorme com aquela angústia no peito.

Viva bem cada um desses momentos, pois a dor realmente vai embora.

Conforme dizia Salomão, quando os dias forem bons, aproveite-os bem. Quando os dias forem ruins, considere... Deus faz tanto um quanto o outro para evitar que o homem descubra algo a respeito de seu futuro (cf. Eclesiastes 7.14).

Passo 6
Saia e celebre

Uma das coisas incríveis que aprendi com Neemias é que as pessoas focam nos problemas, mas poucos celebram as vitórias. O ato de parar e celebrar algo que exalte todo o seu trajeto até aqui é tão importante quanto correr uma maratona e depois receber um troféu.

Pessoas que ritualizam suas vitórias e celebram suas conquistas assumem um compromisso maior com seus objetivos. Isso vale, por exemplo, para casais que se casam ao invés de apenas irem morar juntos. Não caia nessa armadilha de amasiamento!

O ritual é importante e fará falta em outras etapas da vida que não forem celebradas.

> Podem sair, e comam e bebam do melhor que tiverem, e repartam com os que nada têm preparado. Este dia é consagrado ao nosso Senhor. Não se entristeçam, porque a alegria do Senhor os fortalecerá. (Neemias 8.10)

Vale ressaltar que, quando se celebra, o cérebro amplia a percepção sobre um fato. Uma mente que ritualiza, apropria-se de suas vitórias. Um exemplo que testifica isso são as celebrações de aniversário. Aniversários comemorados são diferentes de aniversários que passam em branco.

Culturalmente, dizem que meninas de 15 anos são mais maduras que os rapazes de 15, e isso tem uma explicação. As meninas costumam ritualizar, mesmo que de forma simples, seus 15 anos, e isso causa uma mudança no comportamento de menina para moça. Já os rapazes costumam realmente se sentir homens quando tiram carteira de motorista, aos 18 anos, ou quando recebem o primeiro salário. Ambos são representações de ritos de passagens para que a mente compreenda essa nova etapa, e isso seja transferido para nosso comportamento e ação.

Outro fato que igualmente atesta a importância dos ritos são os lutos de quando uma pessoa morre. Já é comprovado que lutos nos quais não se pôde ver o morto levam mais tempo para a elaboração do que mortes nas quais as pessoas enterram seus entes. O rito é necessário para a finalização das etapas, e você merece esse rito de passagem para dizer adeus à dor e abraçar a paz de espírito com suavidade de alma.

A forma que eu escolhi para celebrar a vitória sobre as minhas dores foi andar de chinelo na ponte do Brooklyn. Fazer essa caminhada com o meu esposo foi um marco, porque, para mim, essa ação foi uma metáfora clara do que significa avistar de longe suas dores e pensar que, após a queda, você se levanta. Suas estruturas ficam ainda mais resistentes e você percebe que consegue ir além do que imaginava.

O chinelo, naquele momento, significou para mim liberdade emocional e leveza. Transmitiu a mim a serenidade, mesmo com a marca do pó e das rachaduras vividas. O chinelo representou conexão comigo mesma e um compromisso com essa verdade.

A ponte era travessia, processo, caminhada. No sentido literal da palavra, podemos dizer que "ponte", segundo o Dicionário Aurélio, é uma "obra construída para estabelecer comunicação entre dois pontos separados por um curso de água ou qualquer depressão do terreno". A ponte conta minha história, incluindo as vitórias e as quedas. É nela que estão todos os registros mnemônicos de uma memória carregada de emoções.

O Brooklyn foi o lugar representativo da indicação que eu saíra da dor. Eu sentia que não estava mais nas torres caídas do WTC e muito menos nos escombros da minha alma. Foi lá, um pouco distante do lugar da queda e com o coração curado, que vi o céu azul aberto, pleno e belo. Assim, consegui avistar toda a cena da estrada da minha vida.

Por uma razão desconhecida, eu sentia vontade de viver algo que marcasse a minha memória para viver todas as sensações que acabei de registrar. Eu sentia todo ar de liberdade, alegria, amor e gratidão por cada capítulo da minha história. Retratar isso como memorial significava registrar todos os passos dessa caminhada. Naquele dia, senti a alma de uma criança repousando no corpo de um adulto. Entrei no berço da pureza e descansei naquilo que a alma merece.

A dor será sempre uma dor, não importa se você é solteiro(a), criança ou casado(a). Ela não escolhe personagens, não é preconceituosa.

Saber que podemos ficar feridos, mas também podemos nos recuperar é algo presente na natureza humana. Sentir uma experiência sobrenatural, sendo acolhida por uma "mão gigantesca", dizendo que Deus tira as pedrinhas do nosso coração e nos devolve a sensação de vida, é algo simplesmente descomunal.

Atualmente, compreendo a facilidade que Deus me deu de cuidar das feridas emocionais das pessoas em níveis mais profundos. Ser transformada pelo Senhor é dispor-se a nadar em um rio, após enfaixar as feridas, até mergulhar na cura. Aprouve que eu mergulhasse nesse rio primeiro, pois não podemos levar os outros aos lugares nos quais nós nunca estivemos.

Invista em seus sonhos, prepare seu chinelo e ande pelas pontes que a vida apresenta a você. Se isso for estranho para você, entre no seu foguete e entenda que ele não tem ré. O jeito é seguir olhando para frente.

Passo 7
Confesse suas falhas

Você achou que era vítima e que iria sair ileso dessa situação? Não, não.

Nós temos falhas, sim, e precisamos focar em consertar nossos erros para não o repetirmos com outras pessoas no futuro. Tão maduro quanto fazer a reparação é assumir suas falhas e repará-las de uma vez por todas.

Há um tesouro escondido em suas cicatrizes, e o ato de confessá-las indica que você é um *yios*, "filho maduro", ao invés de *teeknon*, "filho pequeno".

Neemias e o povo se reuniram e confessaram o quanto estavam sendo falhos com Deus e em seus comportamentos. O resultado dessa confissão é que eles voltaram a ter paz e cobriram suas memórias de alegria.

Passo 8
Não abra mão de suas convicções por causa das pessoas

Esse passo foi o que me fez passar pela dor: não abrir mão da convicção de fazer o que era certo. No meu caso, mais especificamente, foi a convicção de não abrir mão de ter um homem para me amar, que me respeitasse e aceitasse o fato de eu ser uma "mulher moderna à moda antiga".

A virgindade é algo do qual ninguém mais fala, mas ela é selo de bênção. Não tenho a ilusão de que todos vivam assim, mas eu sei e sou grandemente honrada por isso, pois conheço a alegria do que é receber valor e consideração por ter me preservado.

A história comportamental da humanidade registra que somos tendenciados a caminhar pelos polos opostos. Um exemplo é que antigamente os partos eram todos normais, e tempos depois, as mulheres foram para outro extremo, desejando optar por cesárea. Hoje, vemos um grande número de jovens mães tentando o parto humanizado e natural novamente.

Outro exemplo é o histórico de mulheres trabalhando dentro de casa, depois um recorde histórico de mulheres que se desconectaram de seus lares, e agora está nascendo um novo grupo de mães que desejam ter uma maternidade mais consciente, tentando unir os dois, sem tirar seu coração do lar.

Creio que meus olhos ainda verão isso acontecer com o tema "virgindade", porque os homens também estão se fartando da facilidade de ter mulheres a qualquer hora, e as mulheres estão cansadas de sofrer por serem descartadas.

Esse não é o tema central do livro, mas a história vai mostrar que isso vai virar moda outra vez. Talvez o seu caso não teve relação com questões da juventude e os problemas sejam ainda maiores, mas não negocie suas convicções, sabe por quê? Porque valores são atemporais.

Reflexões

1. Quais valores você tem dentro de você que as pessoas tiraram sarro porque pensam serem ideias ultrapassadas?

2. Você já celebrou alguma vitória que custou muito suor? Como foi?

3. Como você reage quando erra. Costuma assumir suas falhas ou justifica seus erros?

4. Para você é fácil pedir desculpas?

5. Você já se dedicou realmente a reparar as brechas de suas dores? De que forma você fez isso?

6. Você tem pessoas que são da sua confiança com as quais você pode conversar sobre seus medos e falhas?

7. Que atitudes puras você tinha e sente que já não as tem mais por admitir que foi influenciada por pessoas ou situações?

8. Para você, um livro é somente um livro ou você entende que precisa "decidir mudar" para que ele tenha efeito?

CAPÍTULO 11

Foguete não tem ré

Eu tinha no máximo 13 anos de idade quando escrevi uma carta para a NASA, nos EUA, perguntando se eles poderiam me enviar fotos dos planetas, das estrelas, da Lua ou do Sol. Naquela época, não existia e-mail, WhatsApp ou nada tecnológico para que pudéssemos acelerar o processo, e eu também não sabia se eles compreenderiam meu inglês, porque eu só tinha um conhecimento básico aprendido na escola.

Eu tinha apenas o endereço da Flórida, que meu professor de Geografia tinha passado na sala de aula, mas para essa carta chegar até os EUA e voltar, provavelmente eu teria que esperar muitos dias ou até meses.

O universo estelar noturno sempre exerceu forte atração sobre mim e, se tinha algo que eu amava fazer, era ficar olhando estrelas à noite, deitada no banco da varanda da minha casa e lendo pilhas de livros que me faziam viajar nos pensamentos.

Sempre tive mente futurista. Tanto o passado, quanto o presente, não tinham tanto peso de importância na ordem das minhas prioridades.

Recordo-me de ter passado dias e noites pensando naquela carta. Eu voltava a pé da escola e, todos os dias após a aula, chegava em casa e a primeira coisa que eu fazia era ver se tinha uma carta para mim. Eu caminhava fazendo orações e pedindo que Deus atendesse ao meu pedido, mas nada acontecia... o que tinha na caixa do correio eram contas e mais contas para meu pai pagar. A única coisa que me restava era saber que, um dia, o sonho de uma garotinha poderia se tornar realidade.

Toda espera carrega junto consigo um tempo interminável — parece que nunca chega. Se a espera for pelo amor da nossa vida, pelo emprego dos sonhos, por um projeto escondido, que temos até vergonha de compartilhar por receio de dar errado, ou qualquer outra coisa que nos é significativo, a espera é algo que machuca o coração. Ao mesmo tempo, porém, ficamos cheios de expectativas boas, acompanhadas de medos de que aquilo nunca se realize.

Receber a resposta daquela carta não seria apenas "a resposta de uma carta". Aquela carta seria algo simbólico, representativo de que podemos realizar nossas conquistas. No entanto, tudo o que chegava, além das contas, eram folhetos de propagandas de lojas ou cartas seladas endereçadas para qualquer pessoa que não fosse eu.

Foi um tempo tão longo de esperas e decepções, de folhetos e boletos, ainda é nítido na minha memória os metros que eu andava entre o portão da casa e a entrada da cozinha após abrir aquela caixinha do correio. Meu rosto ficava inclinado para o chão, com vontade de chorar. Eu era apenas uma adolescente tendo que me conformar, dia após dia, que a resposta daquela carta não chegava. Era muito frustrante, desanimador e decepcionante.

Creio que isso é o que sentimos todas as vezes que a resposta não vem, o sim não chega e a espera continua sendo uma rainha orgulhosa, implicante e desagradável.

Certo dia, voltando da escola, a carta chegou. Um envelope grande amarelo e muito grosso, contendo muitas fotos e com o meu nome escrito errado. Eu abri aquele envelope com os olhos brilhando e nada no mundo poderia conter tamanha alegria.

Ainda de uniforme escolar, eu corri aqueles metros entre o portão e a cozinha, enquanto minha mãe finalizava o almoço, gritando com todas as minhas forças dizendo: "Mãe, chegou a minha carta!", "A carta chegou!", "Eu conseguiiiiii!".

Um misto de choro e riso pela conquista... uma sensação de vitória e alegria. Um envelope com o meu nome e eu berrando aos quatro cantos, dizendo: "Para Deus, nada é impossível!".

Fotos e mais fotos do espaço justificavam as viagens pelos pensamentos solitários de alguém repleta de sonhos. Aquele envelope comprovava internamente que todos os meus sonhos poderiam se tornar realidade e que toda aquela espera poderia ser recompensada após um longo processo de maturação. Eu recebi fotos originais da Lua, do espaço, dos planetas e sobretudo, da Terra.

Eu passava horas observando atentamente o tipo de solo, os detalhes e o fascínio de ver algo mais de perto e não só na minha imaginação.

Anos mais tarde, já casada, meu esposo e eu visitamos a NASA. Fizemos uma visita técnica do lugar, tivemos uma explanação para saber como os foguetes são projetados.

Nesse dia, soubemos que os foguetes têm dois estágios como princípio de funcionamento: o mais pesado e o mais leve.

Na hora da partida da Terra (a parte mais pesada), o foguete libera jatos de gases aquecidos que permitem que ele tenha forças para o lançamento. Assim, são capazes de continuar acelerando, mesmo no vácuo, enquanto houver combustível.

No segundo estágio, na parte mais leve e já lá em cima, ele vai se desfazendo de todas suas cargas extras e carenagens, bem como do escudo pontiagudo que protege sua carga principal, a ponto de ficar somente a cápsula necessária para sua sobrevivência e para atingir seu objetivo. Nessa hora, ele passa a operar em grandes altitudes, onde a atmosfera é muito mais rarefeita.

Assim somos nós quando entendemos que, na vida, não podemos sonhar menos do que acreditamos e não precisamos ficar somente presos no solo do planeta se somos feitos para as alturas.

Foguete não tem ré porque ele foi projetado para ir para frente e é para lá que devemos seguir.

Foguete não tem ré porque, por mais que você se obrigue a abrir mão de suas tralhas emocionais e ter somente uma cápsula que permita sua sobrevivência em um lugar inócuo, siga adiante.

Não é hora de olhar para trás e também não é hora de olhar para o lado. Olhe para dentro, olhe para frente e olhe para cima. Sonhe com algo muito superior àquilo que sua mente imagina sozinha, mesmo que nada ao seu redor sustente suas expectativas.

Ficar somente com sua cápsula de sobrevivência, consiste em entender o significado do seu nome; significa cuidar para as raposinhas não tirarem a doçura dos seus frutos; é arrepender-se de ser quem você não é; demonstra resgatar as características originais de criança (mesmo sendo adulto e maduro); significa tratar comportamentos errados resultantes da dor e permitir-se ficar no colo do pai; é deixar outras pessoas entrarem em nosso mundo e recuperar a espontaneidade da alma. Esse ponto é libertador. Somente fazendo isso podemos fazer as despedidas necessárias, encontrar poesia na dor e ter atos de reparação com os outros e com nós mesmos.

Nesse lugar não precisamos de palco e nem de público, porque somente a sensação do momento já nos basta.

> Eis aqui um presente para você: um envelope amarelo, grande e grosso, cheio de imagens contendo os cenários de sua vida. (Re)construa as cenas. Veja os retratos do seu futuro, com todas as suas esperas sendo recompensadas, com pessoas fantásticas ao seu lado e com tudo isso sendo acompanhado por momentos de espera que todos nós temos que passar.
>
> O final é recompensador! Há tropeços e erros, choros e acertos, mas existe beleza em passar pela inquietude do "processo". Não há nada mais a falar, somente a sentir!
>
> E, como foguete não tem ré, vejo você no futuro!

Reflexão

1. Cite três coisas que você aprendeu neste livro e que pode levar para a sua vida.

BIBLIOGRAFIA

Leaf, Caroline. **Seu perfeito você:** o projeto da sua identidade. Brasília: Chara Editora, 2018.

Gottman, John. **Sete princípios para o casamento dar certo**. São Paulo: Objetiva, 2000.

Queiroz junior, Dimas. **Transformando corações**. São Paulo: DVoz Comunicações, 2017.

Amen, Daniel G. **Mude de cérebro, mude de vida**. São Paulo: Editora Mercúryo, 2005.